Lehrer erhebt euch!

Ein Überlebens-Kit bis die
Schule wieder anfängt

von

Renate Wustinger
Roman Braun

Schneider Verlag Hohengehren GmbH

Umschlagidee:

Verlag

Titelbild:

Sir-Karl-Popper-Schule am Wiedner Gymnasium,

www.popperschule.at

Gedruckt auf umweltfreundlichem Papier (chlor- und säurefrei hergestellt).

Bibliografische Information der Deutschen Nationalbibliothek

Die Deutsche Nationalbibliothek verzeichnet diese Publikation in der Deutschen Nationalbibliografie; detaillierte bibliografische Daten sind im Internet über ›http://dnb.d-nb.de‹ abrufbar.

ISBN: 978-3-8340-1487-0

Schneider Verlag Hohengehren GmbH
Wilhelmstrasse 13
D-73666 Baltmannsweiler
Homepage: www.paedagogik.de

Printed in Germany. Esser, Bretten

INHALT

VORWORT UND WIDMUNG

Niklas Luhmann in „Das Erziehungssystem der Gesellschaft“:
Wenn man individuelle Menschen als Konglomerat autopoetischer, eigendynamischer, nichttrivialer Systeme begreift, gibt es keinen Anlass zur Vermutung, man könne sie erziehen.

Und verweist uns in der Folge auf das, was funktioniert:
Sozialisation!

Bei Karl Valentin heißt das:
*Mei, was hilft die ganze Erziehung,
wenn einem die Kinder dann erst alles nachmachen.*

Diesen Kindern ist das Buch gewidmet,
ihren Eltern und allen mutigen PädagogInnen.

I. LEHRERREVOLUTION? – WIE ES AUSSIEHT

1. DAS SESSELSPIEL

Ein Seminarraum, eine Gruppe Lehrer und Lehrerinnen („handverlesen“, also besonders qualifizierte Lehrpersonen), es beginnt eine Übung: Fünfzehn Leute stehen im Kreis, sie haben soeben kleine Zettel ausgeteilt bekommen, die sie noch nicht lesen dürfen. Auf allen steht der gleiche Satz als Einleitung:

„Du musst dich hundertprozentig für die Erfüllung dieser Aufgabe einsetzen. Ab dem Erhalt der Aufgabenstellung darf nicht mehr gesprochen, gefragt oder sonst verbal kommuniziert werden.“

Was sie nicht wissen: Danach geht es unterschiedlich weiter. Auf fünf Zetteln steht: „Ordne die Sessel so an, dass sie sich in der Mitte des Raumes befinden.“ Fünf weitere lauten: „Ordne die Sessel so an, dass sie auf dem Boden liegen.“ Und die letzten fünf fordern auf: „Ordne die Sessel so an, dass sich jeweils zwei mit der Rückenlehne berühren. “ Diese Ziele lassen sich verbinden, aber dazu kommt es nur in Ausnahmefällen (und kaum bei Lehrergruppen).

Auf „Los!“ darf jeder seinen Zettel lesen. Die ersten drehen sich schon um, gehen auf einige Sessel zu, nehmen darauf befindliche Taschen herunter und legen die Sessel um, andere kommen nach und stellen die Sessel wieder auf, einer türmt Sessel in der Mitte, eine Kollegin räumt den Turm wieder ab und rückt die Sessel zusammen, jemand schleppt Sessel an den Rand des Raumes, von wo sie wieder zurück befördert werden – einige beginnen aufgeregt zu lachen, zwei oder drei stellen sich etwas außerhalb und beobachten irritiert mit verschränkten Armen und gerunzelter Stirn, jemand krallt sich an seinem Sessel fest und lässt sich mit ihm umwerfen wie Umweltschützer, die sich an einen Baum gekettet haben; ein Mix aus Resignation, Amüsement, hektisch aufgeregter Spiellust und engagierter Arbeitslaune entsteht: Es herrscht „rege Betriebsamkeit“!

Es gibt ein „Time-Out“, alle halten inne, die Frage wird gestellt:

„Was war jetzt in Ihren Köpfen los?“ – „Verwirrung.“ – „Frustration.“ – „Sisyphos-Arbeit, sinnlos.“ – „Lust am Kampf.“ – „Die anderen machen mir meine Arbeit kaputt.“ „Zufriedenheit, weil ich an meinem Auftrag arbeite, egal was rundherum ist.“ – „Zuerst Hektik, dann: Ich habe einen Verbündeten, und dann haben wir Spaß.“ Jetzt dürfen alle reden. Zuerst tauschen sie sich nur mit dem jeweiligen Nachbarn aus, bis jemand so etwas wie Leitung übernimmt: „Wie viele Aufgaben gibt es überhaupt? Lesen wir doch alle vor.“ Schnell bildet sich eine Gruppe, einige dirigieren, einige wenige führen aus (und schlichten Sessel), die meisten stehen halb in Trance und besprechen, was soeben abgelaufen ist. Wenn die Aufgabe für alle gelöst erscheint, wird im Plenum reflektiert.

Es macht die Leute immer sehr betroffen, dass sie keinen Blick für die Gesamtaufgabe mit der gemeinsamen Lösung hatten - nicht einmal für alle möglichen „Mitkämpfer“, die das gleiche Ziel verfolgen. Und es macht sie noch betroffener, wenn sie das mit ihrem hundertprozentigen Einsatz begründen. Je mehr sie dieser Aufforderung nach totalem Engagement nachkommen, desto blinder werden sie für die Aufgaben der anderen. Haben sie dann zusätzlich den Filter „Andere Aufgabe = Feind“ aufgesetzt, dann springt auch noch der Wettkampfmodus an, und dann geht das eigene Ziel schnell verloren. „Ich wollte nur noch den anderen auch stören, es ging mir gar nicht mehr so um meine Aufgabe.“ Jene, die einen Schritt zurückweichen und, höchst irritiert, mit gerunzelter Stirn das Treiben beobachten, haben eine Chance; sie können das Muster erkennen, und sie können über die Verbindung dieser Aufgaben nachdenken. Aber sie werden in Lehrkörpern nicht geschätzt: Sie „nehmen sich heraus“, „bringen sich nicht ein“, zeigen nicht den gleichen Einsatz, kurz – sie sind nicht „engagiert“. Irgendwann haben sie dann aufgehört, ihre Beobachtungen einzubringen, weil sie in dem „regen Treiben“ ohnehin nicht gehört werden. Inzwischen sind es schon sehr viele, die verstummt sind. Die Folgen sind fatal: Reflexion und Analyse verkümmern, und das hat in einer Bildungsinstitution schlimme Folgen.

Diese Übung spiegelt das, was den inneren Zeitgeist im System Schule prägt. Alles dreht sich, alles bewegt sich, auch wenn nach außen ein völlig anderer Eindruck entsteht - die Strukturen bleiben altersstarr, das Gerüst besteht aus knorrigen, abgestorbenen Ästen; umso hektischer muss das Innenleben aufgeschäumt werden, damit die Illusion von Lebendigkeit aufrechtzuhalten ist. Und das geschieht auf allen Ebenen. Was steht auf den Zetteln der Lehrpersonen? Wer hat das entschieden, wer stellt die Aufgaben? Welche Anweisungen schreiben sich die Lehrer auch selbst? Was steht auf dem Zettel der Direktorin, der Eltern, was steht auf den Zetteln der Kinder? Das aufzudecken ist die Aufgabe dieses Buches. Und was ist dann zu tun? Helfen Sie mitzudenken!

Ein Zettel der Lehrpersonen: Tu, und tu schnell!

Der engagierte Lehrer ohne Feinde

Wer heute als Lehrer oder Lehrerin etwas gelten will, der muss eben vor allem eines sein: engagiert. Dieser Ausdruck ist wohl der meistgebrauchte, wenn es um den „guten Lehrer“ geht. Über den konkreten Inhalt dieses Begriffes wird nie gesprochen, er schwebt wie ein vages Nikolausbild über der Lehrerschaft. Viele versuchen ihm zu entsprechen – am ehesten so wie in diesem Spiel: 100% Einsatz zeigen – wie viel das ist, bleibt ja undefiniert, und die Frage nach dem Output wird in diesem System selten gestellt. Wer sich unterscheiden will von den „Unengagierten“, über die sich Journalisten und Leser regelmäßig empören, der tut gut daran, ständig in Bewegung zu bleiben. Und es gibt sie ja auch wirklich, die „Mantellehrer“ – jene, die schon im Mantel in die letzte Stunde gehen, um dann schneller das Haus verlassen zu können. Wenige, aber es gibt sie. Wenn die einen sich verstecken und die anderen in aufgeregtem Aktionismus den guten Ruf der Familie zu retten versuchen, wer denkt dann über Schule nach? Es gibt eine Art von Engagement, die tatsächlich zu den wesentlichen Qualitäten guter Lehrer und Lehrerinnen gehört. Engagement kann bedeuten genau hinzusehen, wahrzunehmen, was ein Kind gerade signalisiert, und sich einzuklinken. Engagement kann bedeuten weiter zu lernen, unabhängig davon, ob das direkt für den Unterricht verwendbar ist. Engagement kann bedeuten, dass ich einstehe für ein Verhalten, das mir pädagogisch nachhaltig wirksam erscheint, unabhängig davon, ob ich dafür Applaus bekomme. Aber diese Art von Engagement braucht eher Fokus und Konzentration als Zentrifugalkraft.

Ein Direktionszettel: Mach viele SCHILFS!

Fortbildungskarussell mit Cocooningangebot

SCHILF ist die Standardausgabe der Lehrerfortbildung. „Schulinterne Lehrerfortbildung“ bedeutet das Kürzel. Referenten kommen an die Schule und halten dort bestellte Fortbildungsveranstaltungen für eine Gruppe – manchmal 10 - 12 Personen, manchmal etwas mehr. Sie werden über die Pädagogische Hochschule bezahlt und „touren“ oft mit den immer gleichen Themen durch die Schulen. Die Inhalte ergeben sich durch Wünsche der Direktorinnen, durch Ideen im Lehrkörper, und sehr oft durch den Zuruf aus der vorgesetzten Behörde. Diese gibt jährlich Aufträge aus – „Transparenz der Leistungsbeurteilung“, „Begabungsförderung“, „Individualisierung“, „Kompetenzorientierte Unterrichtsplanung“ – und fordert von den Schulleitern einen Bericht darüber, was sie dafür getan haben. Da bieten sich diese SCHILF-Veranstaltungen an!

Die gute Absicht ist erkennbar: standortbezogene und auf die Bedürfnisse der Schule abgestimmte Fortbildung. Der Standort hat nur gar keine Chance, ein eigenes mittelfristiges Fortbildungskonzept zu entwickeln, weil zuerst auf diesen Zuruf reagiert werden muss. Die Ressourcen sind knapp genug, dass es bei einzelnen Kurzveranstaltungen bleibt, an die sich (auch wenn sie gut waren!) schon nach einigen Wochen niemand mehr erinnert. Und was davon als frisches Lüftchen bei den Kindern ankommt? Es wird zumindest nicht überprüft. Lehrerinnen, die ohnehin oft sehr isoliert hinter verschlossenen Türen arbeiten, die seit ihrer Kindheit in Schulen und Hochschulen leben, müssen dann auch für ihre eigene Fortbildung nicht unbedingt über den Tellerrand schauen, sie können sich neue Inhalte mit dem Zustellservice nach Hause liefern lassen.

Ein Zettel für alle: Alles gleich jetzt!

Geplante Obsoleszenz im Bildungssystem?

Die gleiche Kurzfristigkeit bildet sich auch in schwerwiegenderen Planungsfragen ab. Da muss in Wien dringend eine Schule die neue Idee der Wiener Mittelschule umsetzen, sie sieht darin auch eine Chance, wieder steigende Schülerzahlen zu gewinnen; das Konzept geht auf, aber es war nur für zwei Jahre durchgerechnet; diese Schule platzt dann aus den Nähten, Lehrer und Kinder haben im 3. Jahr bereits nicht genug Platz, um nach diesem Konzept zu arbeiten – das interessiert aber niemanden mehr, weil inzwischen schon ein neues Modell der Mittelschule eingeführt ist.

Der Strudel dreht sich von oben nach unten; er beginnt nicht einmal nur bei den Schulbehörden oder im Ministerium, er dreht sich auf der gesellschaftlichen und politischen Ebene. Eine Gesellschaft, die alles dem schnellen Ersetzen, dem schnellen Verbrauch unterordnet, wirkt als Auftraggeber in die Schulen hinein und macht Druck. Die letzten, die ihn abbekommen, sind die Kinder. Sie können ihn nicht mehr weitergeben, sie müssen irgendwie damit zurechtkommen, und sie lernen ihn wie ein Naturgesetz zu akzeptieren – oder sie verweigern. Schule versucht mit der „zapp-Freizeitkultur" mitzuhalten, anstatt einen Gegenpol anzubieten. Das ist unterlassene Hilfeleistung. Wir Lehrer, wir Lehrerinnen könnten den jungen Leuten noch Muße zum Werden anbieten und vorleben. Wir tun es nicht, weil uns wichtiger ist, dass uns jemand auf die Schulter klopft – Vorgesetzte, Journalisten, Eltern, am besten alle. Wir sind wichtiger denn je und auch mehr auf uns selbst angewiesen, um das Karussell zu verlangsamen. Im Interesse der Kinder haben wir „Stopp! Langsam!" zu sagen, und dafür brauchen wir das ganze Selbstbewusstsein eines Berufstandes, der an einer entscheidenden Stelle sitzt, wenn es um die Entwicklung zukünftiger Gesellschaften geht. Wir, die wir gemeinsam daran zu arbeiten haben, dass die nächste Generation etwas erleben kann, was den Namen „Bildung" verdient. Stehen wir auf!

2. WAS ALLES SCHON ÜBER DAS SCHULELEND GESCHRIEBEN UND GESAGT WURDE UND WARUM ES HIER TROTZDEM STEHT

Keine Zukunft ohne Erinnerung. (Margarete Mitscherlich)

Ein Streifzug durch jene Literatur, die sich mit Schule beschäftigt, führt weit zurück und enthält die Namen vieler großer Denker und Philosophen. Auch heute erweckt allein die Anzahl der neuen Erscheinungen zu diesem Thema den Eindruck, die Schulfrage würde allen unter den Nägeln brennen. Das Seltsame: In jedem Jahrhundert (seit über Lernen geredet wird) werden die gleichen Erkenntnisse dargestellt und argumentiert. Sie haben sich im Wesentlichen kaum verändert. Offenbar weiß „man", wie Schule gehen könnte.

Hier soll daher nicht ein weiterer Aufguss dessen stehen, was ohnehin alle wissen könnten. Hier geht es darum, was das alles für Lehrpersonen bedeuten kann, die selbst durchaus die Ohnmacht und Absurdität der Bedingungen erkennen und trotzdem gerne das tun würden, was sie sich unter dem Beruf vorgestellt hatten. In Abwandlung eines Buchtitels von Viktor Frankl: Was bedeutet das alles für jene Lehrenden, die „trotzdem Ja zu Schule sagen"?[1] Nur die zentrale Frage nach der Bestimmung von Schule und nach pädagogischen Alternativen soll zuerst noch etwas Platz bekommen, und dabei sehen wir auch klarer, wie viele Verbündete wir Lehrer und Lehrerinnen unter den Autoren haben (selbst wenn die das gar nicht so beabsichtigt hatten).

1 „Trotzdem Ja zum Leben sagen" heißt ein Buch von Viktor Frankl (erschienen 1946), in dem er seine Erfahrung im Konzentrationslager beschreibt.

Schule ermöglicht Bildung – oder etwa nicht?

„Das einzige, was mich an der Schule stört,
ist der Unterricht.“ (Schüler)
„Das einzige, was den Unterricht stört,
sind die Schüler.“ (Lehrer)
„Das einzige, was die Entwicklung stört,
ist die Bildungsreform.“ (Schule)

„Schule lässt sich über das lateinische schola auf das griechische scholé zurückführen und meinte ursprünglich ein <Innehalten in der Arbeit>. […] Eine Schule, die aufgehört hat, ein Ort der Muße, der Konzentration, der Kontemplation zu sein, hat aufgehört, eine Schule zu sein. Sie ist eine Stätte der Lebensnot geworden. Und in dieser dominieren dann die Projekte und Praktika, die Erfahrungen und Vernetzungen, die Exkursionen und Ausflüge. Zeit zum Denken gibt es nicht.“[2]

Haben die modernen Schulen überhaupt schon damit angefangen, ein Ort der Kontemplation zu sein?

Die „Lebensnot“ bezieht sich auf Nietzsche, den Liessmann zitiert mit dem Gegensatz zwischen „Anstalten der Bildung und Anstalten der Lebensnot“, und er bezieht letzteres auf die Stätten der Ausbildung. Auf jene Institutionen also, die zweckgerichtet das vermitteln, was möglichst geradlinig auf eine bestimmte berufliche Qualifikation hinsteuert. Damit ist nicht nur das berufsbildende Schulwesen gemeint, auch die immer noch als „allgemeinbildend“ bezeichneten Schulen betonen mehr und mehr das Praktische, das Nützliche, die „skills“, die in der Wirtschaft gebraucht werden. Dementsprechend argumentieren die Pflichtschulen und die berufsbildenden Schulen umso stärker mit dem Druck, alles „Not-wendende“ unterzubringen, weshalb wenig Zeit bleibt für – Muße. Die Gegenüberstellung von Bildung und Ausbildung wird stillschweigend als „entweder-oder“ angenommen, wie kommunizierende Gefäße: Gibt es vom einen mehr, muss daher das andere weniger werden. Und je härter die

2 „Konrad Liessmann, Theorie der Unbildung S. 62.

Bedingungen auf dem Arbeitsmarkt werden, desto mehr tendieren wir zu einem Mehr an Ausbildung. Richard David Precht skizziert den Verlauf dieser Debatte[3]: Kant spricht von der „Erziehung zur Persönlichkeit, Erziehung eines frei handelnden Wesens, das sich selbst erhalten, und in der Gesellschaft ein Glied ausmachen, für sich selbst aber einen inneren Wert haben kann"; Pestalozzi forderte, dass jede Ausbildung hinter dem „allgemeinen Zweck der Menschenbildung" zurückstehen sollte, und Wilhelm von Humboldt (1767-1835) sieht alles Lernen im Dienst der Ausformung und Reifung der Persönlichkeit. „Gibt ihm der Schulunterricht, was hierfür erforderlich ist, so erwirbt er die besondere Fähigkeit seines Berufs nachher so leicht und behält immer die Freiheit, wie im Leben so oft geschieht, von einem zum anderen überzugehen."

Der Münchner Reformpädagoge Georg Kerschensteiner (1854-1932) stellt wieder das *Tun* in den Mittelpunkt – der Mensch reift und bildet seinen Charakter durch praktische Tätigkeiten, nicht im Sinne einer engen Fachausbildung, sondern als Training aller erdenklicher Fähigkeiten und Fertigkeiten. Das Miniaturergebnis: die Einführung der Berufsschule.[4]

Das Erste, was von Humboldt übrig bleibt, ist also der Streit um die Frage: *Bildung oder Ausbildung?*

Das muss nicht so sein. Die These: Schule kann verstanden werden als Einheit der Differenz zwischen Bildung und Ausbildung.

Ausbildung kann Anlass für Bildung sein und Bildung kann Anlass für Ausbildung sein. Wie? Das kann eine Reflexionsmöglichkeit sein für die Lehrperson, um ein paar Scheinprobleme zu lösen, die sie als gegeben annimmt, wenn sie lange genug den Bildungsreformern zugehört hat.

---

3 Richard David Precht, Anna, die Schule und der liebe Gott S. 28ff. Seite 11.

4 Precht S. 43.

Die Vermessenheit der Vermessung? - PISA

Programme for International Student Assessment – das verbirgt sich hinter dem Kürzel PISA. Die OECD überprüft alle drei Jahre bestimmte Kompetenzen bei 15jährigen Schülern und Schülerinnen im internationalen Vergleich. Seither entsteht der Eindruck, das eigentliche Bildungsziel des österreichischen und des deutschen Schulsystems sei ein guter Platz im PISA-Ranking. Dabei ist die internationale Kritik an der Studie wissenschaftlicher als die Studie selbst – sie betrifft Mängel in der Aufgabenstellung, Zweifel an der interkulturellen Vergleichbarkeit, statistische Mängel (welche Gruppen wurden in welchen Ländern ausgeschlossen) und letztlich auch die utilitaristische Zielsetzung. Auch darüber wurde genug geschrieben – und fast einhellig warnen die Autoren der neuen „Schulbücher" davor, die PISA-Aufregung ernst zu nehmen. Jesper Juul nimmt das Beispiel Shanghai, das 2009 zum ersten Mal an der Studie teilgenommen hatte und auch gleich auf dem ersten Platz landete. Die vielen Bildungspolitiker, die daraufhin nach Ostchina pilgerten „um von Shanghai zu lernen", haben aber wohl nicht erfahren, dass sieben Prozent aller Schulkinder dort noch vor dem zehnten Lebensjahr Selbstmord begehen.[5] Niki Glattauer zitiert die EU-Parlamentarierin Karin Resetarits in einem Interview, das er mit ihr geführt hat: „Ich glaube, dass PISA für die Entwicklung von Schule ganz und gar nicht positiv ist. Und zwar weil es in einem System, das auf Druck aufgebaut ist, noch mehr Druck hineinbringt. [...] PISA fragt nur Leistungen ab, kognitive Leistungen. [...] Gut geschult verlässt man eine Schule heutzutage dann, wenn man gelernt hat, kreativ und vernetzt zu denken, wenn man ein soziales Gewissen entwickelt hat, und nicht zuletzt, wenn man seinen Selbstwert gefunden hat. Wer kein Selbstwertgefühl hat, dem nützt auch alle Bildung nichts." Und Precht formuliert es besonders provokant: „Wie ungebildet muss man eigentlich sein, um sich so einen Bildungstest auszudenken?"[6]

Allerdings müssen wir trotzdem mit den Folgen von PISA leben. Das pädagogische Grundwasser ist kontaminiert, die Gelder, die in diesen Messwahnsinn geflossen sind und sicher auch weiterhin fließen

---

5 Jesper Juul, Schulinfarkt S.23.

6 Precht S. 91.

werden, fehlen für seriösere Bildungsmaßnahmen. Die Sprache verrät, welche Systemlogik dahinter steht, wenn wir „arbeitsmarktkompatible“ Schüler brauchen, damit sich das „Humankapital besser verzinst“ und die Begabungsreserven nicht brachliegen. Aber wer weiß, vielleicht können wir auch diese Wogen surfen für andere Anliegen?

Ein Ergebnis der PISA-Hysterie war auch, dass plötzlich großes Interesse am finnischen Schulsystem entstand. Die Finnen hatten sehr gut abgeschnitten, sie liegen seit jeher in allen Tests vorne, und alle wollten wissen, was die denn anders machen. Dann weist aber jemand darauf hin, dass in Finnland 1968 die große Schulreform beschlossen wurde, dass diese – schon! – 1972 umgesetzt war, indem auch das dreigliedrige System abgeschafft wurde, und dass seither alle Kinder bis zum Alter von 16 Jahren gemeinsam unterrichtet werden ... und schon wenden sich in Österreich und Deutschland viele wieder geschäftig ab. Das Thema „Gesamtschule“ ist auch nach Jahrzehnten noch nicht wirklich ideologiefrei besprechbar, und der Name macht es nicht einfacher. Gesamtschule klingt nach Container, nach Einheitsbrei, auch weil zu lange die entsprechende Propaganda lief. Da bleiben wir lieber im vertrauten Mittelfeld bei den Rankings, obwohl – dort sind ja die Finnen nicht gelandet? Trotz Gesamtschule? Und in keinem anderen Land sind die schwächsten Schüler so gut?

Dabei haben die Finnen nichts Neues entdeckt. Auf der Internetseite der finnischen Botschaft in Wien[7] wird betont, dass es eine „Gemeinschaftsschule“ (!) gibt, in der alle Kinder neun Jahre lang gemeinsam lernen; es gibt einen zentral festgelegten Lehrplan, der zusätzlich durch jede Schule ergänzt und angereichert wird. Lehrmaterialen sind ebenso kostenlos wie das tägliche warme Essen in der Schule, in den ersten sechs Jahren haben die Kinder einen eigenen Klassenraum und eine Lehrperson, die fast alle Fächer unterrichtet (wie in unserer Volksschule), in den letzten drei Jahren gibt es dann Fachunterricht durch Fachlehrkräfte. „In Finnland genießt der Lehrberuf, der in jedem Fall ein Universitätsstudium

7 http://www.finnland.at/public/default.aspx?nodeid=39062&contentlan=33&culture=de-DE am 02.12.2014

voraussetzt, hohes Ansehen. Für Lehrerausbildung und -kompetenz existiert eine landesweit verbindliche einheitliche Regelung. Die Zulassung zum Lehrerstudium, für das es jedes Jahr mehr Bewerber als Plätze gibt, erfolgt ausschließlich über eine Eignungsprüfung." Und: „Die Schüler werden nicht nur von ihren Klassen- und Fachlehrern betreut, sondern auch von Sonderpädagogen, Schulkuratoren, Lehrern für Legastheniker, Schulassistenten sowie Schülertutoren aus den oberen Klassen." Das klingt alles nicht nach Zauberei! Wir könnten das auch angehen. Am schwierigsten wäre wohl der Part „Prestigeaufbesserung für Lehrpersonen", aber auch das ließe sich zumindest andenken. Der entscheidende Unterschied ist: Die Finnen tun. Sie reden nicht nur, sie schreiben nicht nur. Sie machen es. Das oberste Prinzip ist die Fürsorge für jedes Kind und nicht die Steigerung des Sozialproduktes. Das Recht auf Bildung bedeutet, dass jedes Kind Anspruch hat auf die beste Unterstützung in Gemeinsamkeit mit den anderen Kindern. Geht nicht gibt's nicht, immer ist der Ball bei den Erwachsenen, und die bekommen ihrerseits die Ressourcen, die sie brauchen.

Die Grundbedingung dafür, dass das funktioniert? Eine Gesellschaft, die selbst gebildet genug ist, um hinter diesem Bildungsverständnis zu stehen! Und eine Gesellschaft, der die nächste Generation ein Anliegen ist, in ihrer Gesamtheit, nicht nur das eigene Kind. Beides fehlt uns.

Pädagogische Alternativen und die Gehirnforscher als unsere Verbündeten

Es wurden wesentlich kühnere Modelle beschrieben und auch ausprobiert als das finnische. Wie Unterricht aussehen müsste, damit er kindgerecht ist, das ist seit langem bekannt. Und es wurde auch umgesetzt, nicht nur beschrieben. Andreas Salcher, Jesper Juul, Jutta Allmendinger, sie alle nennen Beispiele für Schulen, die manches schon entscheidend anders machen. Oft sind es Versuchsschulen, die bessere Rahmenbedingungen haben, oder sogar Privatschulen, die nicht für alle zugänglich sind. Das schmälert nicht ihren Erfolg, aber es ändert nichts an der Gesamtsituation, solange wir das Erprobte nicht umsetzen, solange es Feigenblattschulen bleiben.

Ein besonders tiefgreifend anderes Konzept hat Precht begeistert: Das Modell von Carleton Washburne (1889-1968). Er war schon als Jugendlicher mit innovativen Ideen aufgewachsen, seine Mutter war eng befreundet mit dem Philosophen und Psychologen John Dewey und dem Reformpädagogen Francis W. Parker, die für das Konzept der *progressive education* standen: Fördern von sozialen Fähigkeiten, von Selbstaufmerksamkeit, von körperlicher Bewegung, und Einbezug der Ideen der Kinder in den Unterricht. Nach Abschluss seines Kunststudiums befasste sich Washburne mit einer Gruppe von 17 Kindern, die in der Schule gescheitert waren, arbeitete mit jedem persönlich und erreichte, dass viele von ihnen am Ende des Jahres wieder in ihre Klassen zurückkehren konnten. Nachdem er auf einer Europareise die reformpädagogischen Ansätze studiert hatte, beschrieb er 1926 in dem Buch „New Schools in The Old World“ Schulen, die interessante neue Wege beschritten; er entwickelte aus all diesen Anregungen nicht nur die Idee einer anderen Schule, er setzte sie auch um, als Superintendant in Winnetka/Illinois. Dazu gründete er ein College für die spezielle Ausbildung von Lehrpersonen, die sein Konzept umsetzen konnten (Graduate Teachers College of Winnetka) und ein Zentrum mit Psychologen, Sozialarbeitern und Sprachheilpädagogen, um Lehrer und Kinder individuell zu unterstützen.

Was hatte Washburne vor allem aus Europa mitgebracht? Beispielsweise die Idee, jedem Kind seine Chance auf Erfolgserlebnisse zu garantieren, oder die Auflösung der Jahrgangsklassen und konsequente Individualisierung durch ein differenziertes Lernmaterial, das sehr viel eigenständiges Lernen ermöglicht und dem Lehrer oder der Lehrerin die Rolle eines Lernbegleiters ermöglichte. 1926! Damit lassen sich auch 2014 noch Schulpreise gewinnen!

Der *Winnetka-Plan* und das darin entwickelte Konzept des *Mastery Learnings* ermöglichen jedem Kind in der Grundstufe, in seinem individuellen Tempo zu lernen. Im Zentrum stand für Washburne „der virtuose Umgang mit Sprache, einschließlich einer korrekten Rechtschreibung und guter Lesefähigkeiten. Dazu kam Mathematik, weil man rechnen und abstrakt denken können sollte.“[8] Die Kinder

---

8 Precht S. 227.

lernten am Vormittag in Phasen des *individual work* mit differenziertem Lernmaterial, das in einer didaktischen Progression erstellt war, am Nachmittag gab es *group and creative activities* – Kinder und Lehrpersonen arbeiteten gemeinsam an Projekten zu Geschichte, Geographie oder künstlerischen Vorhaben. Wenn ein Kind beim Erarbeiten eines Lernprogramms dem Lehrer zeigen konnte, dass es über die entsprechende Fertigkeit verfügte, dann kam die nächste Stufe dran. Damit brauchte es auch keine Noten: Der Aufstieg zum nächsten Aufgabenlevel war Feedback und Belohnung zugleich.

Washburne hatte enormen Erfolg mit seinem Ansatz, viele Schulen schlossen sich diesem Konzept an in den zwanziger Jahren, und trotzdem hat es sich nicht durchgesetzt; er starb 1968 fast unbekannt. Das alte, verkrustete System war zu stark, und die Verfremdung des Modells durch Burrhus F. Skinner und den Behaviorismus mit einem ganz anders verstandenen programmierten Lernen korrumpierten die Idee; da ging es nicht um persongerechtes Lernen, sondern um stimulus und response, um ein maschinelles Lernen in programmierten Minischritten. Die Gegner des individualisierten Lernens in individueller Lernzeit berufen sich oft gar nicht auf Washburne, sondern auf die behavioristische Haltung.

Am Schluss seines Buches formuliert Washburne seine Wünsche:

„Let our school organization be less rigid – more flexible and more easily modified from day to day and hour to hour, so that it may mold itself to the needs and interests of the children.

Let the children have more freedom to organize their schedules and work, to develop interests, to carry out independent investigations.

Let the teacher be so much with her children that she knows each one intimately and can adept instruction to his needs and interests.

Let the life of the school be more intimately a part of life outside, so that school work will bear a close relation to life-needs felt by the children.

Let the teacher be imbued with high ideals and lofty purposes, for the unconscious influence of such teachers is worth more than all book-learning.

Let children be recognized as individuals, allowed to progress and develop at their own rates, each one's special needs or abilities being made a basis for his fullest possible development.

Let children, through more closely coordinated group activities, grow in the consciousness of social unity and interdependence.

As we work toward these things, the children entrusted to our care will grow into men and women more able to face life's problems than we are; able to direct, with more light, the education of the future."[9]

Wer schämt sich mit bei dem Gedanken, dass wir genau diese Ideen als Forderungen immer noch vor uns hertragen, als wären sie brandneu, und sie immer noch nicht umgesetzt haben? François Rabelais (1494-1553!) sagt: „Kinder wollen nicht wie Fässer gefüllt, sondern wie Leuchten entzündet werden." Comenius drückt es so aus: „Lehrer, lehrt weniger, damit eure Schüler mehr lernen können." Und Joachim Bauer stellt heute fest: „Ein Kind ist kein Aktenordner, in den man Blatt für Blatt Wissensinhalte einheften kann." Viele Stimmen in verschiedenen Jahrhunderten, und doch kann man mit diesen Forderungen auch heute noch punkten – ohne dass etwas geschieht natürlich -, als hätte man soeben den Dreh herausgefunden.

Die Neurowissenschaft bittet zum Tanz

Die Initiative „Schulen der Zukunft" unter der Leitung des Gehirnforschers Gerald Hüther ist nur ein Beispiel dafür, dass die Neurowissenschafter sich seit längerem ebenfalls sehr bemühen, ihre Ergebnisse zum Thema Lernen auch zu verbreiten. Und sie bekommen viel Aufmerksamkeit dafür, in den Interviews schwingt auf Seiten der Fragensteller oft die Überraschung mit über diese vermeintlich neuen Einsichten. Dabei sind sie gar nicht neu – sie

9 Carleton Washburne, New schools in the Old World S. 173f.

bestätigen nur exakt das, was von Rabelais bis Parkhurst und Freinet von den „Reformpädagogen“ (der Name stört) gefordert wurde. All diese Rufer gegen das Abfüllen der Kinder mit abgestandenem Wissen waren durch Beobachtung und Erfahrung zu jenen Ergebnissen gekommen, die durch die Hirnforschung heute gestützt werden. Es ist, als würden die Neurowissenschaftler die verschiedenen Schulerneuerer zu einem Pas de deux (oder Pas de trois oder Pas de quatre) der Ideen auffordern und ihnen im Nachhinein, posthum, die wissenschaftliche Begründung für das schenken, was jene aufgrund ihrer Beobachtungen und ihres pädagogischen Feinsinns einfach so behauptet hatten. Gerald Hüther soll hier stellvertretend zu Wort kommen; er erklärt, warum Lernen Begeisterung braucht: „Die Hirnforschung kann inzwischen zeigen, dass sich im Hirn nur dann etwas ändert, wenn es unter die Haut geht. Das Hirn ist kein Muskel, den man trainieren kann, indem man viel übt. Im Hirn passiert immer erst dann etwas, wenn derjenige, der lernt, das für sich selbst als wichtig beurteilt. Denn nur dann lässt man sich davon berühren, dann gehen die emotionalen Zentren an. Und immer dann, wenn im Hirn diese emotionalen Zentren aktiviert werden, wird eine Art Dünger ausgeschüttet. Der düngt gewissermaßen das Dahinterliegende, was man im Zustand der Begeisterung an Netzwerken aktiviert hat. Und das führt dazu, dass man immer das, was man mit Begeisterung lernt, auch so gut behält.“[10]

Auch Washburne war zum Ergebnis gekommen, dass Kinder am besten nach ihren Interessen lernen; Maria Montessori spricht von der „Polarisation der Aufmerksamkeit“ und bezeichnet damit den modernen „Flow-Zustand“ oder die Leidenschaft, von der Hüther spricht. Ihre Forderung nach einer „vorbereiteten Umgebung“ und nach entsprechenden Lernmaterialien zielt ebenfalls in die Richtung des selbstgesteuerten Lernens. Hüther hofft, dass ausgerechnet in den nächsten sechs Jahren jene Ideen umgesetzt werden, die es schon so lange gibt. Warum tun wir’s nicht? „Trotz hundert Jahren praktizierter Reformpädagogik an alternativen Schulen ignorieren Bildungspolitiker nach wie vor die gewonnenen pädagogi-

10 Bei Karin Riss, DER STANDARD, 16.4.2012

schen Erkenntnisse. Leiden sie an einer Lernstörung?“[11]

11 Kurt Singer, Die Schulkatastrophe S. 11.

3. WARUM ES TROTZDEM NICHT GESCHIEHT

Niki Glattauer zitiert den PISA-Experten Günter Haider: "Das österreichische Bildungssystem ist weit davon entfernt gerecht zu sein. Bei uns herrscht weder Chancengerechtigkeit noch Chancengleichheit. [...] Ich halte es aber leider nicht für reformierbar. [...] Das lassen in Österreich die politischen Umstände nicht zu."

Und nun? Achselzucken? Haben die Kinder eben Pech gehabt? Weil die politischen Umstände Naturgesetzen gehorchen oder gottgegeben sind? Oder sind die politischen Umstände vielleicht doch Ausdruck dessen, was die Gesellschaft im Grunde will? Warum geschieht nicht das, was alle Experten für vernünftig halten?

Weil die Bildungsreformer blockieren?

Auf den Zetteln der Reformer scheint zu stehen: „Reformiere vor dich hin, ohne dich in eine Richtung zu bewegen."

Man müsste meinen, dass die Bildungsreformer uns das Heil bringen werden, dass sie ohnehin eifrig an der Wiederbelebung – oder besser an der Belebung – des Schulsystems arbeiten und nur noch nicht ganz fertig geworden sind. Es fühlt sich aber anders an. Wer lange genug im Schuldienst ist, um über zwei oder sogar drei Jahrzehnte das im Alltag zu erleben, was jeweils Reform heißt, der bekommt einen anderen Eindruck. Auch dazu wurde schon genug gesagt - zum Beispiel von Niklas Luhmann: „Schon im ausgehenden 18. Jahrhundert sucht man den Weg von der Welt der pädagogischen Ideen zur Praxis unter dem Titel ‚Reform'. Das bürgert sich ein. Das nichtunterrichtende Establishment traut der natürlichen Selbstverwirklichung der Ideen nicht mehr; es plant stattdessen Reformen. Der Blick ist auf die Zukunft gerichtet, was es ermöglicht, rasch zu vergessen, weshalb und woran (am Unterricht natürlich!) die bisherigen Reformen gescheitert oder so verdaut worden sind, daß [sic] man keinen Unterschied erkennen kann."[12] In einer Fußnote ergänzt Luhmann dazu: „Zu den wichtigsten Ressourcen ständig neuer Versuche, die Organisationen des Systems zu reformieren und

12 Niklas Luhmann, Das Erziehungssystem der Gesellschaft S. 179.

‚Innovationen' einzuführen, scheint in der Tat zu gehören, daß man vergißt, wie oft Ähnliches schon versucht worden ist und woran es gescheitert ist. Man wechselt lieber die Berater aus. Oder man läßt Reformschulen, die als Experimente gedacht waren, als exotische Exemplare neben dem normalen Schulsystem fortbestehen, ohne sich um eine Vermittlung zu kümmern." Das sind die Feigenblattschulen, auf die Hüther große Hoffnungen setzt und die auch Salcher als Modelle beschreibt, die aber das tun, was schon Carleton Washburne vor fast hundert Jahren beschrieben hat.

„Nach zweihundert Jahren Wechselspiel zwischen Ideen und Reformen mag man sich fragen, ob die Ideen die Reformen motivieren oder die Reformen die Ideen. Die Frage wird kaum zu entscheiden sein. Jedenfalls hat man heute den Eindruck, daß [sic], nachdem der neuhumanistische Optimismus der Humboldt-Epoche verflogen ist, Ideen nur dann Überzeugungskraft gewinnen, wenn man sie mit möglichen Reformen verknüpft. Die letzten großen Reformbemühungen galten dem Abbau von Schranken, die, sei es durch Schichtung, sei es durch Seletionsmechanismen des Erziehungssystems selbst, errichtet waren. Dazu brauchte man als Idee ein negatives Urteil über Selektion. Die entsprechenden Reformen haben ihre Effekte gehabt, vielleicht nicht so sehr auf der Ebene der Interaktionen des Unterrichts als auf der Ebene der Schulorganisation. Danach müsste die Reflexion, die sich letztlich immer auf die Einheit des Systems zurückzubeziehen hat, sich fragen, ob die Erziehung nun, alles in allem, besser geworden ist. Aber wer will das ohne einseitige Beleuchtung durch Ideen entscheiden?"[13]

Noch zorniger formuliert es Liessmann[14]: „Der Reformfanatiker will die permanente Reform. Das hält die Menschen auf Trab und hindert sie daran, das zu tun, was der Reformer angeblich von ihnen erwartet. Vor allem ist die Einbindung in einen Reformprozess die beste Möglichkeit, um jedes Denken lahmzulegen." Als Beispiel führt Liessmann die Universitätsreformen an: Das Universitätsorganisationsgesetz (UOG) 93 war an der Universität Wien im Jahr 2000

---

13 Luhman a.a.O.
14 Liessmann S. 168

endlich implementiert und musste „nach sage und schreibe zwei Jahren Laufzeit vom Universitätsgesetz 2002 (UG02) abgelöst werden. [...] In Zeiten der permanenten Reform überdauern Jahrhundertgesetze gerade einmal einen Winter.“ Und die Schulreformen? „Vor wenigen Jahren noch hieß das Zauberwort auch hier Autonomie. Jede Schule bildet ihr autonomes Profil und stellt sich mit auf einer *Leadership Academy* zu Managern getrimmten Schulleitern dem Wettbewerb um die Herzen der Schüler, die Spenden der Eltern und die Werbetafeln der Sponsoren. In Wirklichkeit diente die Autonomie dazu, die Auswirkungen und die Administration von verordneten Stundenkürzungen und Einsparungen den Schulen zu überantworten. [...] Dann kam PISA und mit PISA der große Schock. Und nun war klar, dass nichts wichtiger war, als den ach so autonomen Schulen jene allgemeinverbindlichen Leistungsstandards mit viel Aufwand wieder zu diktieren, die man vorher mit großem Reformgeschrei demontiert hatte.“[15]

Nein, wir sind keine Maschinenstürmer. Nein, wir wollen nicht am Ewiggestrigen festhalten. Nein, wir haben nicht Angst vor dem Neuen. Wir haben nur genug von den kosmetischen Reparaturen an einem Leichnam, und das aktuelle Schulsystem ist nichts anderes. Precht formuliert es so: „Es ist ziemlich zwecklos, die Liegestühle an Deck umzustellen, während die Titanic gerade dabei ist zu sinken.“[16] Und eine hohe Beamtin des Wiener Stadtschulrats, mittlerweile in Pension, antwortete auf die Frage, wie sie die Chancen des Schulsystems beurteile: „Löschen und neu aufsetzen, die einzige Chance.“ Egal wie die Metaphern sind: Wir sind gegen Reförmchen, weil sie nicht reichen. Wir brauchen eine Revolution. Und wir wollen auch nicht mit jenen verwechselt werden, die jede Kritik von außen abblocken. Im Gegenteil, wir würden den Kritikern gerne zurufen: „Es ist noch viel schlimmer, kommt näher und seht es euch an!“

Wer bietet dieser Generation trotzdem Bildungschancen? Die Bildungsreformer haben sich meist schon mit dem politisch Opportunen arrangiert. Bildungskritiker sind wichtig und hilfreich, aber

15 Liessmann S. 170f.
16 Precht S. 135.

offenbar machtlos. Aber wenn wir Lehrer die Bildungskritiker nicht mehr als Feinde betrachten, dann können wir unsere Kräfte – ihre und unsere – bündeln und den Kindern etwas anbieten, an dem sie sich bilden können.

Weil sich Dauerreform für viele auszahlt?

Bildungsreform und Bildung ist ein Markt, der vielen mehr oder weniger satte Honorare beschert und/oder stabile Posten außerhalb der Klassenzimmer ermöglicht. Konzepte werden erstellt, Lehrgänge eingereicht und gehalten, Gutachten eingeholt, Berater und Beraterinnen engagiert, Testagenturen beauftragt, und nur weniges gelangt dann wirklich bis zu den Kindern (wenn das auch manchmal durchaus ein Vorteil sein mag). Wird zu lange nichts Neues entwickelt, dann schrumpft die Auftragslage. Bildungsreform ist auch Geschäftemacherei, was an sich nicht verwerflich ist; nur übersieht man diesen Aspekt leicht und deutet daher viele Reformbemühungen zu gutgläubig. Auch Finnland hat mittlerweile den Export seines Bildungsmodells als Geschäftszweig entdeckt und nützt das aufgeregte Interesse, das im Sog der PISA-Studie entstand. „EduCluster Finland" heißt das junge Unternehmen, das den Erfolg des finnischen Bildungssystems exportiert – Unterrichtspläne, Lehrinhalte und Ausbildungsmodule. Die Lehrpersonen behält das Land natürlich[17], aber das Know-How wird verkauft, nicht als Produkt von der Stange, sondern als Kooperationsmodell. Abu Dhabi, Nigeria, Saudi-Arabien, China, Südamerika, einige Länder Osteuropas ... die Liste der Kunden ist lang und kann auf einer Weltkarte nachvollzogen werden[18]. Was aber zeichnet das finnische Bildungssystem in der finnischen Selbstwahrnehmung besonders aus? Kristina Volmari von der nationalen finnischen Bildungsagentur *(Dr. Kristina Volmari, Head of International Relations, Finnish Board of Education)* erklärt in einem Interview[19], das sei zuallererst natürlich die "well trained teaching force" – nur 16% schaffen es vom Studium ins Klassenzimmer. Und außerdem sei es die konsequente langsame Reform, die für Qualität garantiere. "Konsequenz zählt bei uns, nicht

---

17 Eine Vertreterin in einem Interview auf Ö1, Mittagsjournal, am 16.07.2013

18 http://www.educlusterfinland.fi/en/

19 Ebenda.

das Tempo. Wechselt bei uns die Regierung, bleibt das Bildungsziel trotzdem erhalten. Wir erneuern uns zwar nur in kleinen Schritten, dafür machen wir nie einen Schritt zurück. Das ist der Unterschied zu Ländern mit einer ideologisch geprägten Bildungspolitik."

Sind wir nicht auch langsam? Wird nicht immer wieder beklagt, dass die Schule sich kaum verändert hat in den letzten Jahrzehnten? Andreas Salcher meint, dass wir trotz einiger erfolgreicher Beispiele nicht einfach gute Schulen schaffen, weil die Verantwortlichen „das Offensichtliche nicht sehen, weil sie Angst vor dem Widerstand gegen das Neue haben. [...] Sie orientieren sich nicht an den Reformern, sondern an den Bremsern."[20] Das mag stimmen, es ist aber etwas zu undifferenziert: Die Verantwortlichen orientieren sich weder an den Reformern noch an den Bremsern, sondern an den Wählern! Wer alle 5 Jahre wiedergewählt werden will läuft Gefahr, höchstens mittelfristig zu planen. Für große Richtungsänderungen fehlt der Mut, stattdessen machen wir kleine Reförmchen, die wir problemlos wieder aufheben können, wenn der politische Gegner dann doch zu laut schreit. Wir erneuern uns nicht in kleinen Schritten auf ein klar beschlossenes Bildungsziel hin wie die Finnen, wir trippeln in kleinen Schritten um die aktuelle Situation herum und machen darüber ordentlich viel Wind! Daraus resultiert die eigentümliche Mischung aus Hektik und Stillstand, die so viele im Schulleben in tiefe Problemtrace versetzt, während sich einige wenige mit geröteten Wangen von einer Reformeuphorie in die nächste stürzen.

Das Vorgehen der Finnen entspricht zu einem Teil der von Karl Popper geforderten Stückwerk-Sozialtechnik („piecemeal social engineering"). „Der typische Stückwerk-Ingenieur [...] mag zwar einige Vorstellungen von der idealen Gesellschaft ‚als Ganzem' haben[...], aber er ist nicht dafür, dass die Gesellschaft als Ganzes neu geplant wird. [...] Wie Sokrates weiß der Stückwerk-Ingenieur, wie wenig er weiß. [...] Daher wird er nur Schritt für Schritt vorgehen, immer auf der Hut vor den bei jeder Reform unweigerlich auftretenden unerwünschten Nebenwirkungen. Er wird sich auch davor hüten, Reformen von solcher Komplexität und Trag-

20 Andreas Salcher, Nie mehr Schule S. 21.

weite zu unternehmen, dass es ihm unmöglich wird, Ursachen und Wirkungen zu entwirren […].“[21]

Wird ein solcher Veränderungsprozess nicht kleinmütig? – Ja, wenn ihm die Vision fehlt. Das eine schließt jedoch das andere nicht aus. „Piecemeal social engineering“ und Vision müssen eine Partnerschaft eingehen. Die Vision gibt die Richtung vor, die Stückwerk-Technik bestimmt Tempo und Schrittgröße, mit denen wir uns auf dieses Ziel zu bewegen. Ohne Vision wird aus der Stückwerk-Technik jenes orientierungslose Herumbasteln, das teilweise mit dem deutschsprachigen Begriff „Stückwerk“ vor allem negativ assoziiert wird: es fehlt der Zusammenhalt, der erkennbare Grundgedanke. Und auf diese Vision haben sich die Finnen offenbar geeinigt, während in Österreich seit Jahrzehnten ein politischer Sitzkrieg „tobt“.

Weil die sozialen Gewinner den Abstand suchen? Weil so viele Eltern mitspielen?

Precht nennt drei Frontstellungen in der Bildungsdiskussion.[22] Gleich die erste ist die soziale Front – „die Abschottungsversuche einiger uneinsichtiger Besserverdiener gegen die bildungsschwache Unterschicht. Man glaubt, man müsse die anderen frühzeitig loswerden, um den eigenen Kindern die besten Karrieremöglichkeiten zu schaffen.“ Eine zweite ist die professionelle Front. „Hier kämpfen viele der am Schulsystem Beteiligten […] – Lehrer, Lehrerverbände, Schuldirektoren und Kultusminister – gegen ihre externen Kritiker, also Eltern, Pädagogik-Professoren, Stiftungen und Journalisten.“ Und als dritte Front nennt er die ideologische Front. Und daraus ergeben sich noch alle möglichen Kombinationen wie „der links wählende Bildungsbürger […], der Bildung nicht als Ausbildung verstanden sehen möchte, aber zugleich sehr darauf bedacht ist, dass sein Kind die Schulklasse nicht mit vielen bildungsfernen Mitschülern teilen muss; […] der liberale Unternehmer, der Bildung selbstverständlich zweckgebunden als Ausbildung versteht, aber zugleich ein großes Herz für die Kinder der sozial Schwachen hat und ihnen eine echte Chance

21 Karl Popper, Evolutionäre Erkenntnistheorie, in: David Miller (Hrsg.), Karl Popper Lesebuch S. 298.

22 Precht S. 20ff.

geben möchte."

Um die erste Gruppe geht es – es sind jene, die vom legitimen Wunsch angetrieben werden, ihr Kind möge durch die Schule die besten Chancen vorfinden. Daran ist nichts falsch. Aber sie haben sich so wenig mit Bildungsfragen beschäftigt, dass sie einfache Beute sind für leere Schlagworte wie jenes von der „Nivellierung nach unten". Und so sehen sie im Nachbarskind aus einer „bildungsferneren" Familie eine Gefahr für die künftige Karriere der eigenen Sprösslinge. Sie haben noch nicht verstanden, dass es um die nächste Generation geht, nicht nur um das eigene Kind – dass auch das Wohl des eigenen Kindes von den Kompetenzen der nächsten Generation beeinflusst werden wird.

Es stimmt schon – es muss ein politisches Interesse geben, eine kindgerechte Schule zu verhindern; das ist die einzige Erklärung, die standhält. Dafür sind einmal die Politiker verantwortlich, die im 5-Jahresrhythmus wiedergewählt werden wollen und daher nichts tun wollen, was vielleicht Wählerstimmen kosten könnte. Aber dahinter stehen in der vollen Verantwortung jene wahlberechtigten Erwachsenen, die genau diese Politiker wieder wählen, eben weil sie nichts verändern! Die einen, weil es ihnen passt, wenn ihr Kind nicht mit „schichtfremden" in einer Klasse sitzt, und die anderen, weil sie zu wenig wissen über die Chancen, die eine andere Schule allen bieten würde. Sie lassen sich von jeder Angstpropaganda schrecken, vom internationalen Wettbewerb auf dem Arbeitsmarkt, von der Sorge um Kinder, die ihnen entfremdet werden könnten durch Ganztagsschulen. Diese diffuse Angst der Eltern – vor allem unter Bildungsbürgern - vor der Zukunft und insbesondere vor der ihrer Kinder sind nach Precht völlig unbegründet. „Denn 99 Prozent unserer Kinder konkurrieren auf gar keinem Weltmarkt miteinander. Wer in der Stadtverwaltung arbeitet, sieht sich genauso wenig einem chinesischen Konkurrenzdruck ausgesetzt wie ein Physiklehrer. Kein hochgedrillter Inder bedroht unsere Bäckerlehrlinge oder unsere Philosophieprofessoren. Kein deutscher Rechtsanwalt kapituliert vor der ostasiatischen Konkurrenz, und kein Steuerberater, Tischler, Journalist, Elektriker, Meteorologe, Sparkassen-Angestellter, Pfarrer oder Kommissar muss sich darum Sorgen machen. Globalisiert ist nur der desolate Billiglohnsektor mit seinen Spargelstechern, Bauarbeitern und dem schlecht bezahlten Servicepersonal."[23] Auch hier in Österreich sind die Chancen der Kinder, die aktuell in die Schule gehen, durch die „geburtenschwachen Jahrgänge" der jüngeren Vergangenheit wesentlich besser als noch eine Generation davor. Und auch das Erfolgsbeispiel Finnland zeigt, dass die akademischen Talente nicht durch die anders Begabten gebremst werden, wenn das Konzept stimmt.

Auch hier kommt Unterstützung von Gehirnforschern! Gerald Hüther betont in der Sendung „Kinder auf der Überholspur" [24], die Erwachsenen hätten die Pflicht, die Kinder vor dem „bescheuerten Leistungsdruck einer verirrten Wettbewerbsgesellschaft zu bewahren", nicht nur vor Hunger, Durst und Elend – das letztere haben Erwachsene immer getan, heute braucht es mehr. Wir können Kinder nicht *machen* – das ist der Hauptirrtum, und der erzeugt Druck für die Eltern, denn dann denkt man immer, dass man nicht genug macht. Man vergleicht ständig und fragt sich, ob's die anderen nicht besser machen, und dann geht die Kontinuität verloren, die Eltern sind verunsichert, und dann sind die Kinder verunsichert. Das sagt Hüther über Eltern – aber es stimmt auch für Schulen! Der herbeigeredete harte Konkurrenzkampf wird auch innerhalb des Schulsystems nicht reflektiert betrachtet, sondern erzeugt ungehindert Beschleunigungsmaßnahmen.

Die Auswüchse dieser Haltung sind bekannt. In dieser Sendung werden Babys und Kleinkinder gezeigt, die einen Englischkurs besuchen. Die Mutter eines 3jährigen erklärt den Sinn dieses frühen Einstiegs: „Die Kinder haben einen sprachlichen Vorteil gegenüber den Kindern, die erst in der Schule Englisch lernen." Diese Antwort ist nur verständlich, wenn wir das Bild des Haifischbeckens akzeptieren, in dem jeder, der langsamer schwimmt, gefressen wird. Das eigene Kleinkind gleich in eine bessere Startposition

23 Precht S. 86f.
24 http://www.youtube.com/watch?v=2gY0OnkuBIo

bringen gegenüber anderen Kindern, die man noch nicht einmal kennt – wie viel Interesse an einem kindgerechteren Bildungssystem kann es da noch geben? Ein anderes Kind wird nach dem Matheförderunterricht abgeholt und antwortet auf die Frage, wie's denn war: „Ich war eine Minute schneller!" Anschließend geht es zum Geräteturnen in einen Verein. Wofür ist diese Minute wichtig? Weil es dann eine Minute länger turnen kann? – *Caroline, die Eselin-Puppe des Schweizer Bauchredners Kliby, prahlte schon vor Jahrzehnten damit, dass sie „irrsinnig schnell rechnen" könne. Kliby musste ihr Rechnungen aufgeben – „wieviel ist 5 und 10?" – „25!!!" antwortete sie wie aus der Pistole geschossen. „Das ist ja falsch, Caroline!" – „Ja, aber wahnsinnig schnell!"*

Wie fühlt sich das Reformkarussell für die Lehrenden an?

Kafkaesk. Beim ersten Reförmchen lässt sich die engagierte (!) Junglehrerin stolz in die Steuergruppe nominieren und plant Umsetzung und Konkretisierung der zugerufenen Ideen. Über die dienstälteren Kolleginnen, die amüsiert oder verärgert mit den Schultern zucken und nicht aufspringen, kann sie nur den Kopf schütteln. Wie kann man nur so unengagiert sein? Wenn das Geplante zwei Jahre später obsolet ist und von einem zweiten Reförmchen abgelöst wird, denkt sie: "Das kann ja passieren ..." und arbeitet diesmal in der Pilotgruppe weiter mit. Die Dienstälteren zucken immer noch mit den Schultern, schauen manchmal aber besorgt auf die mittlerweile etwas gestresste Junglehrerin, die neben den Überstunden (es gibt ja nicht genug Lehrpersonal) viele Stunden in Sitzungen verbringt, weit weg von Kindern. Beim nächsten „Alles zurück, alles ist anders!" macht sie noch mit, weil sie sich und anderen kaum eingestehen will, dass sie inzwischen Zweifel hat an dieser Art von Schulentwicklung. Und irgendwann ist sie dienstälter und – und dann? Manche ducken sich und versuchen, sich einfach auf ihren Unterricht und die Kommunikation mit den Kindern zu konzentrieren, manche arbeiten auch immer verzweifelter in all diesen Gremien mit, damit es endlich doch zum Guten führe, manche werden sarkastisch und unterstellen jenen, die es noch versuchen, Profilierungsneurosen. Eine solche junge Lehrerin in einer neu gegründeten Schule stellte bei einer Fortbildung fest: „Ich habe ständig ein schlechtes Gewissen im Unterricht, weil ich von den Teamsitzungen gerade noch knapp rechtzeitig in die Stunde haste, mit dem Kopf aber noch bei der neuen Entwicklungsidee bin, und gleichzeitig, weil ich an einer wichtigen Besprechung nicht weiter teilnehme. Ich frage mich manchmal, was mein Kerngeschäft ist hier."

Niklas Luhmann hat dazu eine klare Position: „Von Anfang an war klar, daß [sic] die nötigen Bemühungen um pädagogisches Wissen nicht den mit Unterricht voll beschäftigten Lehrern zugemutet werden können. Die sind voll damit beschäftigt, den Tag zu überstehen und den nächsten vorzubereiten. Sie können nicht gleichzeitig Unterrichtsforschung betreiben oder pädagogische Ideen literarisch ausarbeiten."[25] Man kann das weniger drastisch sehen – aber die Aussage ist überdenkenswert.

25 Luhmann S. 179.

4. WAS LEHRER KÖNNEN – UND KÖNNEN SOLLTEN

„Der Spagat zwischen der Poesie des Herzens und der entgegenstehenden Prosa der Verhältnisse“ (G.W.F.Hegel, Vorlesung über die Ästhetik)

Auf den Zetteln der Lehrpersonen steht: Tu trotzdem.

Es gibt also seit Jahrhunderten ein Wissen darum, wie Kinder lernen können, und es gibt auch ein Wissen darum, warum Schulen so eingerichtet wurden, wie sie heute noch sind. Salcher, Precht & Co. beschreiben das ausführlich. Trotzdem bleibt alles wie es ist, die Feigenblattschulen sollen den Darbenden Hoffnung machen, die Revolution kündigt sich nicht an. Was bedeutet das für jene Menschen, die in der Zwischenzeit in Schulen arbeiten? In sogenannten „Regelschulen“? Für Schüler und Schülerinnen und für die Lehrpersonen? Sie müssen trotzdem. Die Kinder müssen trotzdem auch in diesen Rahmenbedingungen lernen, die Lehrer müssen trotzdem auch in diesen Strukturen „motivieren“ (können sie das?), Standards erreichen, die junge Generation auf Leben, Beruf und viel Ungewissheit vorbereiten. Ach ja, und Schule entwickeln. Sie sind vor Ort, sie können nicht beraten und schreiben und reformieren, sie müssen zumindest auch „tun“, jetzt und morgen und mit jenen Bedingungen, die sie vorfinden. Hängt also alles an der Lehrkraft, wie es in der stark verkürzten Form als Ergebnis der Hattie-Studie verkündet wird?[26]

Die Rezeption dieser Metastudie ist zweischneidig, weil sie einerseits jenen in die Hände spielt, die nichts am System ändern wollen, weil ja nur die Lehrer und Lehrerinnen endlich ordentlich arbeiten müssen und alles wird gut - andererseits aber rückt sie die Bedeutung des Lehrerhandelns wieder in den Vordergrund und verleiht der Profession mehr Bedeutung. Ein Beispiel für die erstgenannte Position ist der Kölner Gymnasiallehrer und Lehrerfortbildner Michael Felten, der zum Aufstand gegen fast alles aufruft, was neu

26 Ulrich Steffens und Dieter Höfer, Die Hattie-Studie. Institut für Qualitätsentwicklung Wiesbaden.

ist.[27] Vieles an seiner Empörung ist nachvollziehbar, viel Rückbesinnung auf pädagogisches Erfahrungswissen macht Sinn. Aber für ihn besteht keine Notwendigkeit zu strukturellen Veränderungen, zu einem Systemumbau weg von der Fließbandschule. „Eigentlich ist die Sache gar nicht so kompliziert: Die Schulpädagogik gehört von antipädagogischer Patina gereinigt, von konstruktivistischer Trübung befreit – und um psychologischen Feinblick bereichert."[28] Lehrpersonen müssen nur die Beziehungsarbeit entdecken, und Schule kann so bleiben. Auf der anderen Seite stehen jene, die eine kühne Vision nach der anderen aus der Tasche zaubern und verschweigen, dass die Gesellschaft in unseren deutschsprachigen Ländern niemals bereit ist, das zu finanzieren oder auch nur zuzulassen. Solange aber dieses „exklusive Oder" mitreden darf, wenn es um Bildung geht – und das darf es fast immer -, werden wir weiterhin um den Status quo herumtippeln. Wir brauchen den Systemumbau, und wir brauchen in der Zwischenzeit für jene Kinder, die jetzt in den Schulen sitzen, Erste-Hilfe-Lehrer, die möglichst viel schon in den bestehenden Rahmenbedingungen vorwegnehmen können. Können sie das?

Was müssen Lehrer können? Wie müssen Lehrer sein?

Zwei sehr unterschiedliche Fragen! Stellvertretend für die älteren Autoren möge hier nochmals *Carleton Washburne* stehen: „Let the teacher be imbued with high ideals and lofty purposes, for the unconscious influence of such teachers is worth more than all book-learning." Das sagt etwas darüber aus, wie Lehrer und Lehrerinnen sein sollten, es beschreibt noch keine Handlungen.

Sein – Charisma und Künstlertum

Precht nennt zwei wesentliche Kriterien, wovon eines in die gleiche Richtung geht: „Erstens: Es muss eine Person sein, die Kinder liebt. Und zweitens eine Persönlichkeit, der man gern zuhört. Diese beiden Kriterien stehen über allen anderen. Und das Bedauerliche daran ist: Beides kann man nicht lernen! Denn Lehrer ist kein Ausbildungs-

27 Michael Felten, Schluss mit dem Bildungsgerede. Eine Anstiftung zu pädagogischem Eigensinn. Gütersloh 2012.

28 Felten S. 91.

beruf für etwas, das prinzipiell jeder lernen kann [...]. Vielmehr ist es ein künstlerischer Beruf. [...] Gute Lehrer sind Artisten im Sozialen; sie sind Darstellungs- und Vermittlungskünstler. Und ein guter Unterricht ist ein Kunststück, das jeder Lehrer gemeinsam mit seinen Schülern versuchen sollte zu schaffen." Auch diese Interpretation der Rolle ist nicht neu; 1911 schreibt der Berliner Reformpädagoge Fritz Gansberg: „Der gute Unterricht fordert vom Lehrer die höchste Entfaltung seiner Kräfte in der Darstellung der Stoffe, die er für schön und bedeutungsvoll hält; an seiner Schaffensfreude wird sich auch die der Schüler immer wieder entzünden."[29]

Wer solche Lehrer und Lehrerinnen hatte, der wird dem gerne zustimmen. Es gibt sie, jene Persönlichkeiten, die für etwas brennen und damit bei anderen die Leidenschaft dafür entzünden. Meist meinen wir damit die beseelten Germanisten, die Physiklehrerinnen, die Historiker; seltener sprechen wir von diesen „lofty purposes", wenn es um das Alphabet geht oder ums kleine Einmaleins. Doch so ist dieses Phänomen zu eng gefasst: Es gibt auch die Freude am „Lesen können", die überspringt, die Faszination für diese ausgeklügelte Symbolik, die aus Druckerschwärzemolekülen Geschichten aufsteigen lässt; es gibt die Freude an der Ordnung der Zahlen, an den magischen Veränderungen, die mit ihnen geschehen, wenn wir sie jeweils anders in Beziehung setzen. Und es gibt die Freude am Lernen schlechthin, am Herumtasten in der Welt.

Aber diese Freude an den „Stoffen" steht für Gansberg nicht im Vordergrund: Der wesentliche Aspekt ist die Freude an der Darstellung, die Regiearbeit, die Inszenierung, wenn sie Darstellungs- und Vermittlungskünstler sein wollen. Auch darin kann der Funke liegen, der dann überspringt.

Solche Feuer findet man bei vielen Lehrpersonen. Wer das hier gerade liest hat wohl mindestens einen solchen Lehrer oder eine solche Lehrerin erlebt und erinnert sich an den Funken. Nur macht das allein noch keinen guten Lehrer, denn die Leidenschaftlich-

29 Precht S. 140.

keit muss trotzdem mit Empathie gepaart sein, damit sie nicht erdrückend wird. Von den besonders Entflammten sagen die jungen Lernenden immer wieder und übereinstimmend, dass sie nur eine kleine Gruppe davon als Lehrpersonen „aushalten". Niemand möchte sechs Stunden am Stück in Lernextase verbringen (müssen), und die begeisterte Lehrerin muss gleichzeitig aushalten und vermitteln, dass diese Begeisterung auch ungeteilt bleiben darf.

Es gibt noch eine andere Falle für die „Darstellungskünstler": Die Bühnenfalle. Lehrer, die einen Auftritt abliefern wie ein Bühnenkünstler und dabei die Kinder zu Publikum machen. Die Balance zu finden ist nicht einfach, denn natürlich fasziniert eine solche Darbietung – wenn sie gut ist – die jungen Leute. Nur: Dafür sind sie nicht da. Es kommt ihnen in einem bestimmten Alter ja auch noch sehr entgegen, denn es unterstützt die vielbejammerte Konsumhaltung. Wir müssen den Kindern nur noch die Fernbedienungen in die Hand drücken! Sie missverstehen ohnehin Unterricht gerne als eine Performance der Lehrperson, die sie dann am liebsten als Jury bewerten würden.

Eine Unterrichtsstunde mit einer sehr motivierten Klasse von 15 jährigen ist zu Ende, und die Klasse applaudiert. Die Lehrerin freut sich zuerst, lächelt kokett und fragt nach – warum Applaus? Eine Schülerin erklärt: „Wir haben uns ausgemacht, dass wir den Lehrern jetzt immer für besonders gute Stunden applaudieren. Und das war eine besonders gute Stunde!" Die Freude der Lehrerin währt nicht lange, dann setzt sich der klare Gedanke durch, dass sie das so nicht möchte. In der nächsten Stunde spricht sie es an: „Einerseits – aber das nur als Outing – habe ich sofort Druck gespürt. Was ist, wenn es beim nächsten Mal keinen Applaus gibt? Bedeutet die Abwesenheit von Lob, dass etwas nicht richtig gut war?" (Und es konnte anschließend über die Wirkung von Lob reflektiert werden, wie es die jungen Leute erleben.) „Andererseits, und das ist einfach meine Überzeugung, halte nicht ICH eine besonders gute Stunde. Unterricht ist etwas, das wir gemeinsam produzieren oder erschaffen. Ich kann ohne euch keine gute Stunde halten, daher passt der Applaus für mich nicht." Die Schüler und Schülerinnen haben das sofort verstanden, sie meinten noch, dass sie sozusagen auch sich selbst – also allen

Mitwirkenden - applaudieren könnten, aber dazu kam es in der Folge nie.

Wir finden noch mehr solche Schaffensfreude bei jenen, die gerade zu unterrichten beginnen oder begonnen haben. Sie kommen mit großer Vorfreude und höchster Motivation aus ihren Ausbildungen, sie begeistern sich für die Kinder, für die Rolle, für die Herausforderungen, für das Lernen ... und dann? Bei vielen Junglehrern wiederholt sich das, was immer über die Veränderungen bei Kindern in den allerersten Schuljahren beschrieben wird. Das Feuer glimmt nur noch und erstirbt dann zusehends. Wie kann es beständig am Leben erhalten werden, über 40 Jahre? Und in der Enge der „Prosa der Verhältnisse“? Die gute Nachricht zuerst: Es geht!

Die beständigste Freude bleibt jene am Überspringen des Funkens an sich, am Lernen von Kindern, die Freude daran, es anfachen zu können und dann zu sehen, wie es sich entwickelt. Gestehen wir, es ist auch so etwas wie Macht! Aber es ist Macht, die uns nur die Kinder selbst geben können, indem sie uns Zutritt gewähren zu ihren Potenzialen.

Und wie passt das zu den neuen Lernformen, wo Lehrer fast nur Lernbegleiter sind, die unterstützen, wenn sie gefragt werden? Wenn als eines von zwei notwendigen Talenten bei Lehrern gilt, es müsse eine Person sein, der man gerne zuhört, dann hat da wohl das alte Bild von Unterricht zugeschlagen, wie wir es aus der Erfahrung kennen. In einer Schule nach Winnetka-Plan, in der Mastery Learning umgesetzt wird, wird wohl gar nicht so viel zugehört. Wo doziert wird, möge es von Leuten getan werden, bei denen das Zuhören leicht fällt. Wo Kinder sich Dinge erarbeiten, selbsttätig forschend lernen, miteinander gestalten – da spielt das Zuhören nicht die große Rolle, und auch das Feuer kann ein wärmendes Kaminfeuer sein. Das nun schon altbekannte exklusive Oder verstellt wieder einmal den Blick auf die Vielfalt der Möglichkeiten. Auch die Darstellungskünstlerinnen sollen Kinder nicht berieseln, aber sie sollen sie verführen dürfen, sie sollen sich auch die Bühne kurz nehmen, um die Glut wieder zu entfachen, und die Kinder dann arbeiten lassen. Zumindest eben jene Lehrpersonen, die genau darin besonders gut sind!!

Und die anderen? Für die gibt es Hattie!

Tun – Know-how und Klarheit

Für *Hattie* steht nicht so sehr die Persönlichkeit im Vordergrund, das Talent sozusagen, sondern das Lehrerhandeln. Nicht „the teacher matters", sondern „what teachers *do* matters". Dieses wirksame Lehrerhandeln beschreibt er recht ausführlich. „Ganz allgemein gesprochen, sorgen die Lehrenden für eine effektive und störungsarme Klassenführung, für ein anregungsreiches Lernklima und für kognitiv aktivierende Lernaufträge, Aufgabenstellungen und Erklärungen. Dabei kommt es vor allem auf angeleitete Lernprozesse an, und zwar in Form von gut strukturierten Erklärungen, anschließenden Verdeutlichungen und Lösungsbeispielen sowie Übungen – angepasst an das Vorwissen der Lernenden."[30] Eine erfolgreiche Lehrperson hat die Fähigkeit, das Lernen aus den Augen der Lernenden wahrzunehmen, sie nimmt die Wirkungen ihres jeweiligen Tuns in den Blick und lernt aus dieser Beobachtung des eigenen Wirkens. Sie traut den Lernenden etwas zu und schafft eine fehlerfreundliche Lernkultur, und auch die positive Beziehungspflege ist ihr ein Anliegen.

Es gibt viele wissenschaftliche Einwände gegen diese Metastudie. Besonders relevant für die Bewertung der Ergebnisse ist der Zeitraum, über den sich die berücksichtigten Studien erstrecken – nämlich über mehrere Jahrzehnte, hauptsächlich über die 80er und 90er-Jahre. Wenn also bestimmte Lernformen in ihrer Wirksamkeit eingeschätzt werden, dann so, wie sie damals umgesetzt wurden. Es gibt noch mehrere Faktoren, die die Validität anzweifeln lassen; dennoch können Lehrer und Lehrerinnen die publizierten Kriterien als Aspekte für die Selbstreflexion nützen. Sorge ich für eine „effektive und störungsarme Klassenführung"? Und was verstehe ich darunter? Wofür könnte das gut sein, wo könnte es auch hinderlich sein? Und welche Mittel stehen mir zur Verfügung, um für eine derartige Klassenführung zu sorgen?

---

30 Ulrich Steffens und Dieter Höfer, Die Hattie-Studie. Institut für Qualitätsentwicklung Wiesbaden S. 12.

Ein Junglehrer – in Österreich Unterrichtspraktikant – antwortet auf den Hinweis seiner „Betreuungslehrerin" (Mentorin), dass sie die Lernumgebung in der Klasse als sehr laut und sehr chaotisch empfinde: „Ach ja, mich stört das nicht." Das mag schon sein, nur ist das nicht das ausschlaggebende Kriterium. Stört es die Kinder bei dem, was sie erarbeiten wollen/sollen? Das ist ein Missverständnis in die eine Richtung; eines in die andere Richtung sind Lehrer und Lehrerinnen, die das störungsarme Lernklima als Voraussetzung einfordern, damit sie überhaupt in der Klasse unterrichten – als „Lieferbedingung" für ihren Auftritt und nicht als Teil ihrer pädagogischen Arbeit.

Eine gute Lehrerin versteht nach Hatties Lehrerbild vor allem auch viel von Lernprozessen, von didaktischer Aufbereitung, von Lernzielformulierung und Lernzielüberprüfung und von Wissenskonstruktion. Aber auch Hattie fordert leidenschaftliches Handeln und ansteckende Wirkung! Die größte Bedeutung weist er allerdings der Reflexionsfähigkeit zu, dem Wahrnehmen dessen, was man auslöst. „It is critical that teachers learn about success or otherwise of their interventions: those teachers who are students of their own effects are the teachers who are the most influential in raising students' achievement."[31]

Die gute Nachricht: Reflexionsfähigkeit ist trainierbar! Am besten in Supervision, wie noch genauer ausgeführt wird.

Sein und Tun - Beziehungsexperten

Für den dänischen Erziehungsexperten *Jesper Juul* müssen die Lehrer und Lehrerinnen vor allem „Persönliche Autorität" entwickeln, weil die alte rollenabhängige Autorität nicht mehr funktioniert.[32] Und sie müssen reichlich „Beziehungskompetenz" haben. „Kinder haben viele Kompetenzen, doch eine Kompetenz fehlt: Sie sind nicht in der Lage, die Verantwortung für die Qualität ihrer Beziehung zu Erwachsenen zu übernehmen." Juul meint damit jene Erwachsenen, die gleichzeitig Macht haben aufgrund ihrer

31 Ulrich Steffens und Dieter Höfer, Die Hattie-Studie S. 24.

32 Jesper Juul S. 142

Rolle, ihrer Funktion. Die positive Beziehungspflege bei Hattie setzt diese Kompetenz schon voraus. Was kann man sich darunter konkret vorstellen? Bedeutet Beziehungskompetenz das Gleiche wie das, was Precht mit „Kinder lieben" meint?

Müssen wir als Lehrer Kinder mögen?
Müssen wir die Kinder mögen?

Die Frage wird in einem Seminar von einer Lehrerin gestellt. Eine Mutter hatte zu ihr gesagt: „Aber Sie müssen doch die Kinder mögen!", und die Lehrerin fragt nun ihrerseits: „Müssen wir das?"

Differenzierung bringt Information. Es macht schon einen Unterschied, ob es um Kinder oder um die Kinder geht, mit dem bestimmten Artikel. Dass Lehrer Kinder mögen sollten – das ist wohl eine Mindestforderung für die Berufswahl. Ein Gärtner, der keine Pflanzen mag? Ein Dirigent, der Musik nicht mag? Lehrer werden und Kinder nicht mögen, das gehört in die Kategorie der Selbstqual. Aber müssen wir auch die Kinder mögen? Genau jene, die da vor uns sitzen? Mit denen wir arbeiten sollen?

Da hilft es wohl, wenn wir zuvor „mögen" definieren. Es gibt eine Form der pädagogischen Liebe. Das bedeutet, dass ich in dem Kind das sehe, was es werden kann. Das muss nicht heißen, dass ich es sympathisch finde. Es ist nicht schwierig, ein Kind zu mögen, das man sympathisch findet. Aber die pädagogische Liebe setzt dort an, wo a priori die Person in mir das Kind nicht sympathisch fände, aber die Lehrerin in mir den Zukunftsentwurf suchen muss. Wenn der Philosoph Peter Sloterdijk sagt „Lernen ist Vorfreude auf sich selbst", dann haben wir alles zu tun, um diese Vorfreude zu fördern!

Wenn ein Lehrer systemisch denkt, dann wird er damit weniger Schwierigkeiten haben. Denn systemisch denken heißt unter anderem, nicht den Elementen eines sozialen Systems fixe Eigenschaften zuzuschreiben, sondern die Frage zu stellen: „Unter welchen Kontextbedingungen zeigt das Element - in dem Fall das Kind, der Mensch - diese Eigenschaften, und unter welchen Kontextbedingungen zeigt es andere Eigenschaften oder könnte es andere

Eigenschaften zeigen? Welche Kontextbedingungen bräuchte es, um eine gewünschte Eigenschaft – ein gewünschtes Verhalten - zeigen zu können?"[33] Wir Lehrerinnen kennen das alle von Konferenzen: Eine Kollegin spricht über ein Kind, schreibt ihm Eigenschaften zu, und eine andere sagt: „Also ich weiß nicht, bei mir ist der ganz anders." Und erntet unter Umständen vernichtende Blicke von Lehrerin eins und unterstützendes Nicken von Kollege drei. Ganze Klassen verhalten sich anders, sogar bei der gleichen Lehrperson, je nach Unterrichtsraum, Tageszeit, was ist davor geschehen, was ist für danach in Aussicht ... eben je nach Kontextbedingung.

Dieser Blick auf ein Kind hilft, wenn die erste persönliche Sympathieempfindung fehlt. Pädagogische Liebe bedeutet einen Vorschuss an Interesse und Respekt jedem Kind gegenüber, das ist wichtiger als „mögen". Respekt im Sinne von „ich verstehe dein Verhalten noch nicht, aber ich vertraue darauf, dass es für dich im Augenblick Sinn macht, auch wenn ich es nicht dulden kann"; und Interesse im Sinne von „was verbirgt sich hinter deiner Wirklichkeitskonstruktion? Wie siehst du die Welt, dass du so handelst? Und kann ich das ein Stück weit entschlüsseln?" Wer sich mit dieser Aufmerksamkeit einem Kind zuwendet, der kann es eigentlich nicht „nicht mögen", weil er auch gar nicht auf dieser Ebene erlebt.

Juul spricht vom „gleichwürdigen Dialog", und er setzt das gleich mit Führungsverhalten: Wie kann man führen und gleichzeitig die persönlichen Grenzen und die persönliche Integrität aller Beteiligten wahren? Viele Erwachsene wünschen sich, dass sie von ihren Vorgesetzten geliebt oder zumindest gemocht werden. Aber eigentlich genügt es ihnen, wenn sie so behandelt werden wie sie meinen, dass sie behandelt würden, wenn der Chef oder die Chefin sie mögen würde ... Kinder brauchen einfach den gleichen Respekt wie wir als Lehrer oder Lehrerin. Nicht mehr und nicht weniger. Und wenn dieser Respekt im Gespräch mit den Eltern spürbar wird, dann wird diese Frage nach dem „mögen" wohl kaum gestellt - zumindest nicht in dieser Intention und mit diesem drängenden Unterton! Der *Wunsch* danach, dass mein Kind gemocht wird, gehört zu meinem Elternsein dazu. Wer

33 Vgl. Kapitel „Systemische Brille".

selbst ein Kind hat und es Institutionen übergeben muss, der kennt das Gefühl! Und mehr noch als gemocht soll es wahrgenommen werden.

Eine andere Frage wird noch häufiger an Lehrpersonen herangetragen, oft auch als Forderung:

Müssen Lehrer nicht die Kinder motivieren?

RES SEVERA EST VERUM GAUDIUM.
Eine ernste Sache ist ein wahres Vergnügen. Und auch:
Ein wahres Vergnügen ist eine ernste Sache.
(Seneca)

Spontane Antwort: Tja, wenn das ginge - sehr gerne! Menschen können nur leider nicht von außen motiviert werden. Diese Botschaft können auch viele Manager nur schlecht akzeptieren; Lehrer und Lehrerinnen erleben einfach, dass wohl etwas daran ist. Trotzdem haben manche Personen eine Wirkung auf andere Menschen, die wie Motivation aussieht. Wie kann das sein?

Zu Motivationsfragen gilt immer noch das Kultbuch „Mythos Motivation" von Reinhard K. Sprenger als wichtige Diskussionsgrundlage.[34] Es erschien erstmals 1991 und löste viel Wirbel in Unternehmen aus. Im Vorwort erklärt der promovierte Philosoph, der auch das Lehramtsstudium für Gymnasien abgeschlossen hat, dass er schon als Student in einem Pädagogikbuch diese Zeile angestrichen hatte: „Ich glaube nicht, dass man Schüler motivieren kann." Seither hatte ihn das Thema nicht mehr losgelassen.

Sprenger differenziert sprachlich zwischen Motivation und Motivierung: Motivation ist der Zustand des Motiviert-Seins, die Kapazität des inneren Antriebs (das, was als „intrinsische Motivation" bezeichnet wird). Es ist ein Potenzial im Inneren, ein Motor, der Bewegung erzeugt. Den Versuch, von außen auf diesen Zustand einzuwirken, nennt er Motivierung – und kommt zum Schluss: Motivierung demotiviert. Die 5 großen „Motivierungs"-B Bedrohen, Bestrafen, Bestechen, Belohnen, Belobigen erzeugen eine Dynamik,

34 Reinhard K. Sprenger, Mythos Motivation. Campus Frankfurt 1991/2007

in der die intrinsische Motivation verkümmert. Aktuellste Studien belegen das schon für Belohnungspraktiken bei Schulkindern![35]

Motivierungsversuche anerkennen nicht, dass offenbar etwas die Motivation verschüttet hat und nun blockiert. Denn das geht sehr wohl: Wir können Menschen Bedingungen anbieten, unter denen sie ihre Motivation halten können und sogar „wiederbeleben"! Dazu müssten wir allerdings den Willen haben, ihre Demotivation zu verstehen. Sprenger erklärt, dass seiner Erfahrung nach „die Gründe für Demotivation eben nicht erfragt, sondern unterstellt" werden; darüber zu spekulieren bringe aber nichts! Und da spricht er von Managern. Wie wahr ist das erst für Schule? Wie viele Konferenzen und Gespräche zwischen den erziehenden Erwachsenen drehen sich darum, wie man das Kind motivieren könnte? Wie oft spekulieren wir, anstatt das Gespräch direkt zu suchen? Wenn Lehrpersonen in Supervision erzählen, was wer sagt, warum etwa ein Jugendlicher nicht arbeitet, und man stellt die Frage: „Und was sagt der Junge selbst dazu?", dann kommt sehr oft erstauntes Schweigen und baffe Verwunderung. „Keine Ahnung, wir haben ihn nicht gefragt."

Auch die häufigsten demotivierenden Faktoren passen nicht nur für Unternehmen, sie können 1:1 auf Schule umgelegt werden. Sprenger nennt

- „Beziehungskisten" für 56% der Fälle! „Menschen gehen in Unternehmen, aber sie verlassen Vorgesetzte." Mangelnde Wertschätzung, Pedanterie, mangelnde Glaubwürdigkeit, wenig Dialogbasis und das Nicht-Gesehen-Werden unterminieren die Motivation. Für wie viele Kinder mag das zutreffen? Und das hat auch mit den strukturellen Bedingungen im Schulsystem zu tun!

- Nicht-Zutrauen – die Botschaft „du schaffst das nicht", aber auch

35 Eileen Kennedy-Moore, co-author of Smart Parenting for Smart Kids zitiert auf http://healthland.time.com/2013/09/19/why-paying-kids-to-do-homework-can-backfire/#ixzz2gHB0fQ9L

die Botschaft „du wirst dich nicht anstrengen, wenn ich dir nicht mit einem der 5 Motivierungs-B's Druck mache"; Vorhersagen verursachen ihre eigene Erfüllung – wenn Chefs also Mitarbeiter für unselbständig halten, so werden sie es auch sein. Und dann ersetzen wir Chefs durch Lehrpersonen und Mitarbeiter durch Kinder, und auch da gilt: Das System ist so aufgebaut, dass genau dieses Menschenbild dahinter hervorblickt.

- Unterfordern der Leistungsfähigkeit – es gilt die gleiche Dynamik wie bei Punkt 2: Die Erwartung niedriger Leistung ruft niedrige Leistung hervor ... und kann auch kränken! Gedankliche Reaktionen wie „für wie blöd hält man mich?" laufen vielleicht oft nicht bewusst ab, aber sie wirken.

- Zerteilung der Arbeit („Als wir den Sinn unserer Arbeit nichtmehr sahen, begannen wir über Motivation zu reden.") - in Schule geschieht die Zerteilung der Arbeit bereits auf der Zeitachse. Lernprozesse werden in 45-Minuten-Einheiten zerstückelt, und die Sinnhaftigkeit dessen, was in diesen Zeitstücken zu tun ist, erschließt sich sehr oft nicht.

- Mangelnder Freiraum als fehlende Leistungsmöglichkeit – wenn 25 Kinder zur gleichen Zeit das Gleiche tun müssen, weil es jetzt auf dem Stundenplan steht und weil sie gerade in dieser Klasse sitzen, dann kann das nur für eine Handvoll passen.

Wir können also die Kinder nicht motivieren, wir können nur Demotivation verhindern oder auch zu lösen versuchen. Widerspricht das den vielen Aussagen über jene begabten Lehrer, die Neugier entzünden können? Widerspricht es den Beobachtungen, die wir in anderen Bereichen machen wie im Sport oder in der Kunst? – Nein, denn da erleben wir nicht Motivation, sondern Inspiration. Wo ein inspiriertes Alpha vorangeht – doch dazu später mehr.

Im Epilog betrachtet Sprenger die Demotivation aus einer höheren Perspektive. „Das häufigste Vergehen im Wirtschaftsleben ist die fundamentale Missachtung der Menschenwürde."[36] Die Beschränkung auf das Wirtschaftsleben hinzunehmen vernebelt den Blick auf andere Kontexte, für die das auch zutrifft, wo die Selbstachtung ebenfalls in Gefahr ist. Selbstachtung ist „jene uns innewohnende Instanz, die wie ein Seismograph alle uns betreffenden Kommunikationssignale auf ihre wertende Tendenz taxiert. [...] Das Selbst, das sich achtet, ist wohl auch mehr [...] als die angstvoll-stolzgeschwellte Bestätigungssucht, die aus allen Ritzen Applaus saugt. Mehr also auch als das auf eigenen Erfolgen basierende, umgangssprachliche „'Selbstbewusstsein'". – Diese Selbstachtung zu wahren und vor allem zu fördern ist wohl die allererste Aufgabe all jener, die erziehen. Nur – können wir Lehrer dafür Modell sein? Leben wir das vor? Wie oft sagen wir, dass der Direktor überhaupt nicht motivieren kann, oder dass uns die lästigen Eltern demotivieren, dass wir nicht genug gelobt werden für das Projekt, dass wir mit der 1a gemacht haben? „Wenn mich jemand motivieren kann", betont Sprenger, „dann kann er mich auch demotivieren. Dann lade ich alle Welt ein, über die Qualität meines Lebens zu entscheiden."[37] Sind wir ein Vorbild an intrinsischer Motivation? Wie können Lehrpersonen, die sich selbst demotivieren lassen, von Kindern erwarten, dass die sich durch exakt die gleichen widrigen Umstände NICHT demotivieren lassen?

Wo haben die Lehrer das Selbstwertgefühl verloren?

Die Pflicht gegen sich selbst besteht darin,
dass der Mensch die Würde
der Menschheit in seiner eigenen Person bewahre.
(Immanuel Kant)

Wenn es Buchtitel gibt wie „Auch Lehrer brauchen Liebe" oder „Warum Lehrer gar nicht so blöd sind", wenn Abhandlungen in großen Zeitungen mit der Überschrift um „Gnade für die Pauker" bitten, wenn Gerald Hüther im Interview sagt „Die Lehrer tun mir leid" – was überwiegt dann? Die Freude darüber, dass auch *für* uns geschrieben wird, oder das leise Gefühl, dass wir dadurch kleiner gemacht werden? Wollen wir denn so getröstet werden?

36 Sprenger S. 260.
37 Sprenger S. 264.

Wie oft antworten Lehrer und Lehrerinnen auf Anregungen, wie Unterricht „artgerechter" sein könnte: „Ja, aber dann kommt wieder X oder Y und sagt ..." Manchmal auch: „Aber dann sagen die anderen Schüler ..." – Und?

Wo und wann sind die vielleicht manchmal selbstherrlichen und rechthaberischen und ungerecht urteilenden Vertreter dieses Berufsstandes, so wie sie geschildert wurden und werden, wann sind sie diese Weidenruten geworden, die sich verbiegen, je nachdem aus welcher Richtung der Windhauch kommt? Was hat sich so verändert? Hat uns dieses System, das doch stark auf die Komponente „Gehorsam" ausgerichtet ist, schon so gefügig gemacht? Aber es war doch früher noch viel mehr auf Gehorsam hin orientiert, und da hatten die Lehrer eine gewisse unabhängige Würde.

Das Pendel hat ausgeschlagen ins andere Extrem und wir haben die Mitte nicht mehr gefunden. Aus der Autorität aufgrund der Funktion sind wir herausgefallen, in Zusammenhang mit den Veränderungen der 70er Jahre, und auch wir selbst fühlen, dass es nicht mehr so sein kann wie damals - dass wir nicht Recht haben nur kraft unseres Amtes. Aber wir hatten keine Ersatzautorität parat. Die Autorität durch Handlungsvorsprung, durch Kompetenzvorsprung haben wir uns zum Teil nicht bewusst genug erarbeitet, um sie dann einsetzen zu können.

Aber wir können nicht erziehen, auch im Sinne von „Modelle von erwachsenem Leben sein für die Heranwachsenden und Jugendlichen", wenn wir ihnen gleichzeitig vorleben, dass wir keine Würde haben bzw. diese Würde nicht schützen. Wenn wir uns einerseits von der Presse, von den Medien, von der Gesellschaft zu Prügelknaben machen lassen und uns dann traurig oder wütend im Kämmerlein darüber beklagen, dann ist das unsere Entscheidung. Wenn wir im direkten Gespräch mit Eltern akzeptieren, dass wir in einer Weise gemaßregelt werden, wie wir ihre Kinder nicht maßregeln würden, und wir nur leiden und jammern oder darauf nur mit dem Gegenangriff antworten können, dann können wir nicht Vorbilder für die Kinder dieser Eltern sein.

Wer soll uns respektieren, wenn wir selbst uns nicht respektieren, uns in fantasiert engen Räumen zusammenkrümmen und versuchen nicht anzuecken und nicht unangenehm aufzufallen, weil wir die Stärke nicht hätten, um einen Konflikt durchzustehen? Was leben wir dann den Kindern vor?

Lehrer und Lehrerinnen, erhebt euch! Nicht gegen jemanden oder etwas - erhebt euch wieder zum aufrechtesten Gang und zu eurer vollen Größe! Besinnt euch darauf, dass ihr Expertinnen und Experten seid, die ihr Tun begründen können. Bleibt offen für Kritik, für Anregungen, überprüft - und entscheidet dann nach professionellem Wissen und Gewissen und steht für diese Entscheidungen ein. Wir sind zu wichtig in diesen unruhigen Zeiten, um es allen recht machen zu wollen. Das System ist überholt, die Rahmenbedingungen sind unpassend für Lernen, und das wird sich nicht so schnell ändern. Wir sind diejenigen, die den Kindern und Jugendlichen noch am ehesten *trotzdem* etwas mitgeben können, was den Namen Bildung verdient. Aber dafür brauchen wir Selbstgefühl und Unabhängigkeit. Aus dieser Stärke heraus können wir auch differenziert und unaufgeregt auf die Schulkritiker und auf die Reformer reagieren.

Wir sind nicht von Feinden umgeben, wie wir manchmal zu glauben scheinen. „Man" weiß schon, dass wir nicht das Problem sind, dass wir nur das Übel verringern können. „Kinder und Jugendliche nach ihren Begabungen individuell zu fördern und das konventionelle Schulsystem schließen sich aus. In der Praxis bedeutet dieser Widerspruch einen immer neuen Spagat des Lehrers. Nicht nur der Schüler, auch er selbst ist der Leidtragende eines Systems, das neben dem Unterrichtsplan und dem Klassenziel irgendwann zwar die Individualität von Schülern entdeckte, ihr aber systemimmanent nicht Rechnung tragen kann."[38] Auch Gerald Hüther begründet, warum ihm die Lehrer leidtun: „Die sind ja einmal losgezogen und wollten Unterstützer werden von Kindern bei Lernprozessen. Wenn die das nur noch mit Mühe aushalten, dann liegt das eben auch daran, dass sie derzeit kaum eigene Gestaltungsspielräume haben. Im Grunde genommen geht es den Lehrern fast so wie den Schülern. Und dann

38 Precht S. 109.

kann es eben sehr leicht passieren, dass man als Lehrer aufgibt, dass man den Mut verliert. Dann ist man keiner mehr, der einlädt, dann ist man einer, der sich nur mehr selbst rettet und versucht, durchzuhalten, bis die Rente kommt."[39]

Trotzdem werden auch die Lehrer und Lehrerinnen in die Mangel genommen – da nämlich, wo sie besonders empfindlich auf Kritik reagieren und alles abwehren, was von außen kommt, von Nicht-Lehrern. Sie verteidigen gerne weinerlich das, was ihnen gleichzeitig täglich die Freude an der Arbeit mit den Kindern zu nehmen droht. „Was ihnen als <Lehrerbeschimpfung> erscheint, ist in Wahrheit eine Kritik der Rahmenbedingungen, unter denen unsere Lehrer ihren Unterricht machen müssen. Denn dass die Schule so oft Potenziale an Neugierde, Begeisterungsfähigkeit und Kreativität zerstört, liegt nicht an einem vermeintlichen Sadismus von Lehrern (obgleich der mitunter auftritt), sondern an einem kranken System."[40] Und wenn es als Lehrerbeschimpfung daherkommt (wie im Alltag recht oft), dann werden wir doch mit einer eleganten Körperdrehung aus der Schussrichtung weichen und zu einem späteren, günstigeren Zeitpunkt dort das Gespräch darüber suchen, wo es Sinn macht. (Die üblichen Spottbemerkungen im Juli und August aus der Kiste „Ja, Lehrer müsste man sein!" kann man schnell kontern mit einem „Tja, Intelligenz drückt sich eben schon in der Berufswahl aus!")

Der Innenblick: Was erwarten Lehrer von guten Lehrern?

Lehrpersonen scheinen oft sehr verunsichert, wenn sie gefragt werden, wann ein Lehrer ein „guter Lehrer" ist. Als hätten sie ihren Orientierungssinn im pädagogischen Dschungel verloren ... Wenn sie junge Kolleginnen und Kollegen bei deren Einstieg in den Beruf begleiten – als Betreuungslehrerin, Seminarleiterin oder wie auch immer – kommen sie darum aber nicht herum und haben dann auch keine Schwierigkeiten damit, Kriteren zu benennen. Gute Lehrer und Lehrerinnen sind respektvoll - authentisch und transparent – haben eine gewisse menschliche Geradlinigkeit – Gelassenheit – Humor – eine positive Grundeinstellung – emotionale und soziale Kompe-

---

39 Karin Riss, DER STANDARD, 16.04.2012

40 Precht S. 148.

tenz – sie können Sicherheit und Klarheit vermitteln – sie sind abgrenzungsfähig – leben Begeisterung – verfügen über methodisches Können und fachliches Können – sind robust – schaffen klare Strukturen – oder wie es ein Schulleiter in einem Interview zusammengefasst hat: Sie haben „ein Höchstmaß an Empathie auf der einen Seite und auf der anderen die Klarheit der eigenen Position verbunden mit einer Konfliktbereitschaft, die aber immer eine Entwicklung will und die Hände auffangend darunter hält." Und sie stiften an zu Bildung ... [41]

Was ist also anders am positiven Lehrerbild, wenn es aus dem System kommt, sozusagen von innen? – Gar nicht so viel, es fallen die gleichen Begriffe. Aber es gibt die Komponente der Möglichkeit zur Auseinandersetzung, die etwas stärker benannt wird, und die der Abgrenzung. Das hat wohl damit zu tun, dass die Pädagoginnen im direkten Kontakt stärker spüren, was die Jugendlichen *auch* suchen: den berühmten „Reibebaum", auf den sie jene Konflikte übertragen können, die mit den eigenen Eltern nicht ausgetragen werden können oder sollen – und die starke Sogwirkung, die - gerade wenn die Beziehung gut ist - uns vielleicht Grenzen überschreiten lässt, die nicht zu unserer Rolle passen.

Nein-Anschlüsse ohne Drama

„Konfliktbereitschaft, die aber immer eine Entwicklung will und die Hände auffangend darunter hält", meint Esser. Wenn wir harmoniesüchtig agieren in der Erziehung, wenn wir Angst haben vor Liebesentzug durch die Kinder oder auch vor Kritik von außen, dann erfahren die jungen Menschen eine Welt, in der es überwiegend Ja-Anschlüsse gibt. Und wachen unsanft auf in der Realität der Erwachsenenwelt. Aber es macht einen Unterschied, ob wir in der Erziehung in einen Konflikt gehen wie in einen Machtkampf, oder ob wir den Konflikt in unserer Rolle annehmen und dabei die Entwicklungsmöglichkeit im (unbewussten) Auge haben. Für „confligere" findet man „aufeinander stoßen", „aneinander geraten", aber auch „unter-

41 Werner Esser in einem Interview mit der „Welt" http://www.welt.de/print/wams/vermischtes/article13851387/Eltern-fehlt-der-Mut-zur-Erziehung.html, am 20.08.2013

werfen". Für die ersten beiden Bedeutungen sind wir wichtige Erfahrungspartner für junge Menschen, das dritte hat in einer Erziehungsbeziehung nichts verloren. Wir symbolisieren manchmal auch nur das, worauf die Kinder später „stoßen" werden, und stellen uns dafür zur Verfügung. Und wir „halten die Hände auffangend darunter", indem wir die Verantwortung dafür übernehmen, wie es nach dem Konflikt weitergeht. Vor allem bedeutet es, niemals die Beziehung abzubrechen!

Warum John Keating traurig ist

Der zweite Aspekt der Innenwahrnehmung ist jener der Abgrenzung. Kein Wunder bei der Vielfalt an Erwartungen, die mittlerweile an Schule gestellt werden! „Der Lehrer ist schuld, wenn Kinder zu viel fernsehen, sich falsch ernähren, sich nicht mehr konzentrieren können, die falsche Zahnbürste benutzen, bettnässen oder gefährliche Banden bilden."[42] Sind wir jetzt reine Wissensvermittler oder doch auch Therapeuten und Sozialarbeiter? Auch da scheitert die Antwort teilweise am „exklusiven Oder"; aber Therapeuten sind wir bestimmt nicht! Und wenn wir das vergessen, dann fühlen wir uns nicht nur überfordert, wir können damit auch junge Menschen in Gefahr bringen – und uns selbst, zumindest rechtlich.

Der Lehrer John Keating aus dem Kultfilm „Der Club der toten Dichter" wurde gleich nach seinem Erscheinen 1989 als *das* Modell eines guten Pädagogen hingestellt. Auch heute noch – oder wieder – gilt er vielen als Idealbild des besonderen, motivierenden (!) Lehrers. Was Keating in der Geschichte großartig beherrscht ist eben jene Inspiration, das Entzünden des Funkens. Er nimmt seine Schüler wahr, findet einen guten Draht zu jedem, weckt ihre Freude an Poesie und noch mehr. Er erkennt ihre Talente und macht ihnen Mut; so bestärkt er den Schüler Neil Perry darin, Schauspieler zu werden, obwohl dessen Vater strikt dagegen ist. Keating geht aber über das Bestärken hinaus, er involviert sich auch emotional in dieses Ziel, sodass in Neil der Eindruck entstehen kann, es sei auch ein Wunsch seines Lehrers. Neils Vater aber stellt sich dem entschieden entgegen

42 Heinz Zangeler, Psychologe und Psychotherapeut, zitiert bei Niki Glattauer S. 157.

und droht, den Jungen von der Schule zu nehmen. Neil sieht keinen Ausweg und bringt sich am Abend nach einer Theateraufführung um. Die Schulleitung gibt John Keating und seiner Indoktrination die Schuld an diesem Selbstmord, sodass er die Schule verlassen muss. So einfach ist es sicher nicht – aber als Keating alleine im Klassenzimmer am Platz seines Schülers sitzt und trauert, da scheint er zu verstehen, was vielleicht sein Beitrag war. Er wusste zu wenig über das System, in dem Neil lebt, er wusste zu wenig über die Kraft, die Neil spürt oder nicht spürt - er wusste einfach zu wenig, um so viel Druck kontrollieren zu können. Der „Club der toten Dichter" in dieser Rezeption warnt vor dem „Club der halben Therapeuten"! Wir können als Lehrer und Lehrerinnen die Funktion einer Clearingstelle haben. Wir sind oft die Anlaufstelle für Jugendliche mit Problemen, die weit über unsere Handlungsmöglichkeiten hinausgehen. Was uns zukommt ist das empathische Zuhören, das Anerkennen der bisherigen Lösungsversuche, das Vermitteln der emotionalen Begleitung. Und wenn es mehr braucht, dann auch das behutsame Weiterleiten zu jenen Stellen, wo es bessere Unterstützung gibt.

Was bleibt als Kern?

Lehrer und Lehrerinnen müssen Beziehung herstellen können, konfliktfähig sein und daher unbedürftig gegenüber den Schülerinnen und Schülern, und eine klare Rollenvorstellung haben. Und sie müssen eine positive und lustvolle Beziehung zu ihrem Beruf haben.

Was bedeutet „unbedürftig"? – Es bedeutet, dass wir nicht abhängig sind von der Zuneigung der Kinder, dass wir unser eigenes Bedürfnis nach Zuwendung und Gemocht-Werden woanders stillen und die Kinder nicht dazu benützen. Das heißt nicht, dass sie uns egal sind; im Gegenteil – eben weil sie uns wichtig sind setzen wir sie nicht unter diesen Druck, dass sie für unser Wohlbefinden und unser- Glück zuständig sind. Wir sorgen für uns selbst, wir sorgen dafür, dass es uns gut geht im Unterricht und rundherum. Sie können uns nicht „traurig machen", wenn sie nicht lernen, sie können uns nicht enttäuschen, und sie machen nicht „uns" die Hausübung nicht. Sie machen sie nur einfach nicht. Wir werden dafür bezahlt, dass wir Lern- und Entwicklungsmöglichkeiten schaffen und jedes Kind gut begleiten. Geliebt zu werden kann höchstens das „Trinkgeld“ sein.

II. BRILLEN FÜR DEN DURCHBLICK

Selbst unsere häufigen Irrtümer haben den Nutzen, dass sie uns am Ende gewöhnen zu glauben, alles könne anders sein, als wir es uns vorstellen. Wir haben von der wahren Beschaffenheit der Außenwelt gar keinen Begriff.
(Lichtberg)

An dieser Stelle kommen in vielen Büchern über Schule „Tipps“, meistens sind es zehn. Tipps kann es hier nicht geben, weil hinter diesem Buch ein systemischer Ansatz steckt. Und da fallen Tipps unter „wäre schön, klappt aber selten“, weil Menschen nicht-triviale Systeme sind (doch dazu später mehr); es gibt allerdings Brillen, durch die wir manches von dem alltäglichen Wahnsinn in Schule wesentlich besser verstehen können. Ähnlich wie 3D-Brillen hilfreich sind, wenn wir einen 3D-Film ansehen wollen, so sollten diese Brillen beim Eintritt in den Lehrberuf – also in der Ausbildung – ausgeteilt werden. Werden sie aber nicht, warum auch immer. Hier sind einige!

1. DIE GRAVES-WELTEN - EINE BRILLE FÜR DIE MOTIVATIONEN

Zur Einstimmung eine „Geschichte vom Herrn Keuner“ von Bertolt Brecht: Ein Arbeiter wurde vor Gericht gefragt, ob er die weltliche oder die kirchliche Form des Eides benutzen wolle. Er antwortete: „Ich bin arbeitslos.“ – „Dies war nicht nur Zerstreutheit“, sagte Herr K. „Durch diese Antwort gab er zu erkennen, dass er sich in einer Lage befand, wo solche Fragen, ja vielleicht das ganze Gerichtsverfahren als solches, keinen Sinn mehr haben.“

Aus der Bewertung der Wahrnehmung fließen unsere Emotionen. Das klingt einfach. Aber nach welchen Kriterien bewerten wir? Das verändert sich von Situation zu Situation, von Lebensalter zu Lebensalter und von Kultur zu Kultur. Unser Handeln dient aber der Erfüllung dieser Werte, sie sind also so etwas wie unser Navigationssystem. Wir tendieren dazu, unsere eigenen Bewertungsgrundlagen den anderen zu unterstellen. Allein das genügt schon für vieles, was wir als Konflikt erleben.

Für die Differenzierung der jeweils gerade aktiven Bewertungssysteme unserer Gesprächspartner – und unserer eigenen! - kann ein Modell des amerikanischen Psychologen Clare W. Graves Orientierung geben.

Fußball-WM in Deutschland 2006. Finalspiel Frankreich-Italien. Nach einer Angriffsszene gehen Zinedine Zidane und der italienische Verteidiger Materazzi Seite an Seite in Richtung Mittellinie. Materazzi sagt etwas zu Zidane – wie sich später herausstellt etwas, das für Zidane eine Beleidigung seiner Schwester ist –, worauf dieser ihm einen heftigen Kopfstoß verpasst. Zidane wird aus dem Spiel ausgeschlossen und später zu einer Strafe verurteilt, die er widerstandslos annimmt.

Die Lesart durch die Graves-Brille ergibt ein schlüssiges Bild: Materazzi hat den Clan von Zidane beleidigt, damit einen Wert der Welt Zwei verletzt, Zidane antwortet nach den Regeln von Welt Drei und akzeptiert die Bestrafung durch Welt Vier.

Die Erklärung:
Clare Graves hat aus zahlreichen Untersuchungen über zwei Jahrzehnte hinweg ein Modell abgeleitet, das die Entwicklung von Wertesystemen beschreibt; es ist eine Geschichte der Problemlösestrategien, wie sie für eine ganze Gesellschaft am besten für die jeweiligen Herausforderungen gepasst haben; und es ist im kleinen ein Stück weit die Geschichte der Orientierungen, wie wir Individuen sie im Lauf unserer persönlichen Entwicklungen erlebt haben. Auch Organisationen können solchen „Graves-Welten" zugeordnet werden!

Die menschliche Entwicklung wird dadurch vorangetrieben, dass neue Bedingungen auch neue Denkweisen erfordern. Diese veranlassen den Menschen dazu, sich anders zu verhalten. Ältere Denkweisen und Seinsweisen verschwinden dabei nicht, sondern können reaktiviert werden, wenn die entsprechenden älteren Probleme wieder zum Vorschein kommen. Auf der einen Seite stehen also aktuelle Umwelten mit ihren Erfordernissen, auf der anderen die Reaktion der Menschen darauf und die Problemlösestrategien (Copingmechanismen). Verändert sich die Umwelt und greifen die alten Lösungsstrategien nicht mehr, dann entwickeln wir neue - und damit auch neue Bewertungsgrundlagen.

Graves hat diese „Bewertungskontexte" in einer „Doppel-Helix" dargestellt, weil sich jeweils Umwelt und Coping gegenüberstehen, und jedes solche Paar mit zwei Buchstaben bezeichnet: AN, BO und so fort. Es sind Denkwelten, aus denen heraus soziale Systeme ihre Entscheidungen treffen. Dabei ist keine Welt an sich besser oder schlechter, sondern nur passend für die aktuelle Herausforderung oder unpassend. In der Buchstabenbezeichnung bildet sich das deutlicher ab als in der Nummerierung der einzelnen Welten, die sich immer mehr durchgesetzt hat. Sie kann als chronologisches Nacheinander verstanden werden, weil sich die verschiedenen Denkmodelle auch nach einander entwickeln und laut Graves kein Überspringen zulassen. Das Modell beschreibt auch nicht, wie Menschen sind, sondern wie sie jeweils handeln und vor allem, wie sie dieses Handeln begründen.

Das Graves-Modell erlaubt einen noch differenzierteren Blick auf Bewertungen und Motivationen, wenn als Anleihe aus dem Neurolinguistischen Programmieren noch zwei Metaprogramme hinzugefügt werden. Darunter versteht man ein Set von Mustern, in denen wir am öftesten wahrnehmen und entscheiden. Es sind Denk- und Erlebnis"straßen", die wir – meist unbewusst - lieber benützen als andere und in denen wir uns vor allem wohler fühlen als in anderen. Es handelt sich dabei jeweils um ein Kontinuum, um „zwei Enden der selben Wurst"; je nach Situation driften wir einmal eher zum einen und ein anderes Mal eher zum anderen, beide stehen uns zur Verfügung. Bei einigen aber halten wir uns doch weitgehend an einem der beiden Enden auf (das sind unsere dominanten Metaprogramme). „Da diese Metaprogramme die Erfahrung filtern und wir unsere Erfahrung durch Sprache vermitteln, sind bestimmte Sprachmuster typisch für bestimmte Metaprogramme."[43]

Ein solches Metaprogramm bewegt sich zwischen den Polen *„weg von – hin zu"*. Menschen handeln eher, damit etwas NICHT geschieht (also „weg vom Nichtgewollten") oder DAMIT etwas geschieht („Hin zum Gewollten"). Das sieht vielleicht zuerst nach einer unwesentlichen Unterscheidung aus, weil das, was ich vermeiden will, einfach nur als das Gegenteil von dem erscheint, was ich erreichen möchte. Dennoch ist es eben nicht egal, ob mich bei meinen Handlungen eher das Ungewollte im Rücken antreibt oder ob mich das Ziel vor Augen lockt. Der Denkunterschied wirkt sich aus! *Weg von* hat Schubkraft, um aus einer Situation heraus zu finden, um die ersten Schritte zu setzen; dann lässt die Wirkung allerdings nach. *Hin zu* gibt die Orientierung und lockt, bis das Ziel erreicht ist. Wenn wir mit dem Kleinbus in der Tiefgarage stehen und es dort zu qualmen beginnt, dann ist *weg von* wahrscheinlich eine gute Idee, auch wenn wir noch nicht genau wissen, wohin wir oben dann fahren wollen.

Ich werde heute nicht mehr ausgehen. Ich möchte nicht wieder eine negative Note auf die Englischschularbeit schreiben.

---

43 Joseph O'Connor/John Seymour, Neurolinguistisches Programmieren S. 232.

Ich werde heute zuhause bleiben und lernen. Ich möchte auf die nächste Englischschularbeit eine positive Note schreiben.

Beides die gleiche Situation, die gleiche Absicht – aber eine unterschiedliche Betrachtungsweise!

Ein anderes Metaprogramm betrifft die Zeitlinie in der Vorstellung der Menschen. Wir stellen uns Zeit räumlich vor – als Linie, die bei jedem sehr unterschiedlich verlaufen kann: von unten nach oben, von hinten nach vorn, von links nach rechts ... Und je nachdem, ob diese gedachte Linie außerhalb unseres Kopfes verläuft und dadurch fast ganz in unserem Blickfeld liegt, oder ob sie eher durch uns durchgeht und dabei zumindest in Abschnitten nicht sichtbar ist, sprechen wir von „in time“ oder von „through time“. „In time“ bedeutet das Erleben im Hier und Jetzt, ohne dass Vergangenheit und Zukunft auch in den Blick genommen werden. Kleine Kinder sind „in time“, wenn sie völlig in ihrem Spiel aufgehen, und den berühmten Flow-Zustand finden wir ebenfalls im in-time-Modus. „Through time“ ist unser Denken, wenn wir ein Stück des Davor und des Danach ebenfalls mit im Blick haben; wenn wir im Moment des Handelns auch die Konsequenzen überlegen; wenn wir während einer Unterrichtsstunde bewusst wahrnehmen, wie viel Zeit uns noch zur Verfügung steht; wenn wir eine Tätigkeit rechtzeitig beenden, um die nächste pünktlich starten zu können.„Through time“ ist eine intellektuelle Fähigkeit, die sich erst mit der Zeit entwickelt. An der Frage der kleinen Kinder „Wie oft noch schlafen?“ können wir sehen, wie sie sich dem Through time-Denken annähern!

Zurück zu Graves.

Die einzelnen Welten im Schnelldurchlauf:

Welt 1 – Survival Sense

In *Welt 1* versucht der Mensch (der „Existierende“) als Einzelner zu überleben. Es gibt keine längerfristige Planung, keine gesellschaftliche Organisation, er handelt rein reaktiv - *weg von* den Gefahren einer feindlichen Umwelt und völlig *in time*. Für die Menschheit ist das die Phase des Urmenschen, der sich noch als ein Stück Natur erlebt. Ein Säugling lebt in Welt 1, eine sehr alte Person unter Umständen ebenfalls, Obdachlose, Menschen nach Katastrophen, sie alle können in bestimmten Situationen aus Welt 1 heraus handeln.

Welt 2 – KinSpirit

Dann entdeckte der Mensch, dass er mit anderen gemeinsam die besseren Chancen im Überlebenskampf hatte. Dieses Zusammenleben des Stammes war um den einen großen „Häuptling“ herum organisiert. Die Umwelt wird immer noch als feindlich und gefährlich erlebt – daher dominiert *weg von* als Denkmuster weiterhin gemeinsam mit *in time* -, und diese Gefahren der Natur werden mit bestimmten Göttern identifiziert, die in Ritualen günstig beeinflusst werden sollen. *Welt 2 – KinSpirit,* der „Stammesmensch“ - ist die Welt von Magie und Tradition; wir erleben sie im Kindergartenalter, wenn genau das eine bestimmte Kuscheltier die Kleinen beschützen muss, und wir pflegen sie auch später immer dann, wenn wir alte Bräuche aufleben lassen oder mit unseren Maskottchen antreten; unsere Partys von heute stehen für die Feste von damals – „wir feiern den Stamm“ beim Schulabschlussgrillen, bei der Weihnachtsfeier, im Smalltalk. Zu *Welt 2* gehört auch das entschiedene Verteidigen von Territorium, da das Land notwendig ist fürs Überleben. Auch bei den Zehnjährigen kennen wir alle das eifersüchtige Abgrenzen des eigenen Platzes auf dem Schülertisch! Wie viele Konflikte beruhen bei den jüngeren Kindern auf dem Vorwurf: „Der greift immer zu mir herüber“? Graves 2 eben!

Welt 3 – PowerGod

Doch es gab starke junge Individuen, die dachten, alleine mehr erreichen zu können. Sie verließen ihren Stamm, um Abenteuer zu erleben und andere Gebiete zu erobern. Das Zeitalter der Helden begann, *Welt 3* - der „Einzelkämpfer“ -, in der es erstmals eine starke *hin zu*-Orientierung gibt (und immer noch *in time*), und in der es immer ums Gewinnen geht, um den Sieg, um das „wer ist stärker“. Pubertierende Jugendliche erleben diese Denkweisen oft als ihre geistige Heimat; die Familie kann in dieser Phase nichts Attraktives bieten, nur lockere Gruppenbildung bietet Anbindung. Randalierende Fußballfans handeln ebenso aus *Welt 3* heraus wie Sportler in einem Wettkampf, wenn es ihnen vor allem ums Siegen geht und noch weniger um den materiellen Gewinn. Die größte Angst ist hier die Angst vor dem Gesichtsverlust, und das größte Vertrauen setzt der Einzelkämpfer in seine eigene Stärke. Die Ehre muss geschützt werden. Und wenn der Fußballer Materazzi die Schwester Zidanes beleidigt (angeblich war das der Auslöser), dann wurde der Clan beleidigt, der Stamm, und das kann ein wahrer „Held“ (der momentan in *Welt 3* erlebt) nicht hinnehmen ohne Demonstration seiner Kraft!

Welt 4 – TruthForce

Die „3er“ riefen als Antwort *Welt 4* hervor – die „Loyalen“ -, die Welt von Institutionen und Gesetzen, als weg von (der Unkontrollierbarkeit der 3er, *weg von* Willkür und weg vom Recht des Stärkeren) und erstmals als *„trough time“* -strukturierte Welt. Gesetze und Verwaltung machen nur Sinn, wenn beim Handeln gleichzeitig ein Stück Zukunft mitgedacht werden kann und damit die Konsequenzen der eigenen Handlung einschätzbar sind. Das Individuum ordnet sich der Gemeinschaft unter, es akzeptiert den Platz als „Rädchen im Getriebe“. Die *Welt 4* ist auch die einzige, die streng dualistisch angelegt ist nach dem „exklusiven oder“ – es gibt gut und böse, richtig und falsch, erlaubt und strafbar, Himmel und Hölle. Die Impulsivität aus Welt 3 muss durch Regeln und Gesetze im Zaum gehalten werden. Begriffe wie „Gerechtigkeit“ und „Schuld“ bekommen große Bedeutung und werden auch nicht in Frage gestellt. *Welt 4* hat Zidane für seinen Kopfstoß bestraft, und Zidane hat nicht protestiert (außerhalb des Spielfeldes ist Welt 3 offenbar weniger aktiviert). Schulen sind klassische 4er-Organisationen, von dort haben wir alle eine ordentliche Portion 4er-Denken mitbekommen. Wir reden immer aus *Welt 4*, wenn wir viel „sollen“ und „müssen“ verwenden, viel *weg von* und viele Dualismen. Allein die Frage, ob etwas „richtig“ ist, weist schon auf diesen Graves hin.

Welt 5 – StriveDrive

Während die einen ihre Kräfte maßen und die anderen die Welt nach Regeln zu ordnen versuchten, beschäftigten sich andere mit ihren Gütern und trachteten danach, ihren Gewinn zu erhöhen. Mit der Geburtsstunde des Kapitalismus wurde *Welt 5* auch allgemein etabliert – „der Erfolgsucher“. Hier zählt die Maximierung; entscheidend ist, was wie viel bringt. Begriffe wie *„Effizienz“*, „lohnende Investition“ usw. prägen das Denken und die Sprache. Die *hin zu*-Orientierung herrscht wieder vor, Risiko lockt, der eigene Profit rechtfertigt unter Umständen auch Verstöße gegen Welt 4 ... *Through time* als Denkmuster wird nicht mehr aufgegeben, sobald es zur Verfügung steht, die Vorteile sind zu deutlich. Risiko für den Erfolg, das ist nicht nur wirtschaftlich gemeint. Auch das Abschätzen des Aufwands, den eine Schülerin für eine Note einsetzen will, kommt aus dieser Denkweise.

Welt 6 – HumanBond

Die Gegenreaktion ist wieder ein *weg von* – weg von Kapitalismus und Materialismus, weg von Hierarchie und Institution (also auch von Welt 4), weg von Individualismus und weg von Autorität. Für die *Welt 6* – „der Teammensch“ - zählt das Miteinander, die basisdemokratisch geführten Gruppen ohne Vorgesetzten dominieren als Organisationsform; keiner soll sich abheben, auch im Sport und im Kindergarten kommen die „Spiele ohne Verlierer“ auf ... die 68er-Welt hat das besonders konsequent vertreten. Dabei ist nicht jedes Team ein *Welt 6*–Team. Eine Sportmannschaft kann einzelkämpferisch sein (Welt 3), loyal (Welt 4), erfolgssuchend (Welt 5) oder teamorientiert (Welt 6).

TransGraves

Nach diesen sechs Systemen setzt Graves mit *Welt 7* auf einer anderen Ebene an. Ab hier stehen alle Welten von 1 bis 6 zur Verfügung, sie werden nicht mehr als entweder-oder erlebt, das Denken bezieht alle diese Werte mit ein und versucht, sie zu erfüllen. Individualismus ist positiv besetzt, allerdings nicht auf Kosten anderer. Ein sehr hoher Wert ist das freie Fließen von Information, globalere Sichtweisen erfordern neue Lösungen. Andere Autoren haben noch Welt 7 und Welt 8 differenziert, Graves selbst hielt diese Welten für zu jung, um sie schon beschreiben zu können. Wir fassen hier die Welten ab 7 zusammen unter dem Begriff „TransGraves“.

Die Graves-Brille bietet eine gute Chance, die Denkwelt unserer Gesprächspartner erfassen können, um eine bessere Kommunikationsbasis zu schaffen. Dabei geht es zuerst nur darum wahrzunehmen, in welcher Welt die Person jetzt gerade ihre Entscheidungen trifft. Jemand, der sehr aufgeregt und wütend ist, kann aus Welt 3 heraus agieren und den totalen Kampf wollen, obwohl er an sich oft nach anderen Kriterien entscheidet. Dann können wir zuerst diese Welt 3 spiegeln, den anderen dort abholen, und dann die nächste Graves-Welt anbieten – Welt 4 also, indem wir die Denkmuster dieses Levels ansprechen. Vielleicht kommt das Gegenüber mit? Dann versuchen wir Welt 5 ...

Eine Welt, in die wir noch nicht gegangen sind, steht uns allerdings nicht offen, wir können deren Gedanken- und Entscheidungsgänge gar nicht nachvollziehen. Ein Jugendlicher, der zentriert in Welt 3 agiert und dessen Umgebung diese Strategien ebenfalls lebt, für den dieses das passendste System für seine Herausforderungen ist, dem ist bereits das Wertesystem von Welt 4 ganz einfach fremd. Wertewelten, die sich für uns noch nie bewährt haben, stehen uns auch nicht aktuell zur Verfügung.

Was bedeutet das konkret für Schule?

Die Sackgasse „Hauptschule“ ist in Deutschland zur Restschule geworden. In Österreich differenzieren wir noch zwischen den Hauptschulen in ländlichen Gebieten, die oft mit einer gymnasialen Unterstufe vergleichbar sind, und den Hauptschulen in den Ballungszentren, für die das deutsche Etikett genauso gilt. (Für Wien wird diese Hauptschule in den Büchern von Niki Glattauer mit ebenso viel Realitätssinn wie Liebe zu den Kindern beschrieben.) Es sind oft Verwahrungsanstalten, in denen die Kinder aus bildungsfernen Elternhäusern bildungsarm bleiben. „Das Buch, in dem jedes Kind liest, ist das Leben seiner Eltern. Und die meisten Hauptschüler haben einen untrüglichen Instinkt dafür, dass ihre Lehrer sie mit der Aussicht auf ein gutes Leben durch einen Schulabschluss belügen.“[44] Precht beschreibt den Konflikt zwischen dieser Institution und den Jugendlichen, für die sie da sein sollte, ohne sich auf Graves zu beziehen; und doch wird deutlich, dass es um die Diskrepanz zwischen Welt drei und Welt vier geht: „Was heute in der Hauptschule aufeinan-

44 Precht S. 59.

dertrifft, ist die Konkurrenz zweier völlig verschiedener Anerkennungskulturen. Ein wildes und gefährliches Leben, bei dem man ums Ganze spielt [...], steht einer Institution Schule entgegen, deren ungeschriebene Verfassungspräambel nichts anderes besagt, als dass der Strebsamste es im Leben am weitesten bringen wird - eine Behauptung, die nicht einmal durch die Lebenswege von Gymnasiasten bestätigt wird. Aus diesem Widerspruch heraus ist es nicht verwunderlich, dass viele Hauptschüler, insbesondere junge Männer türkischer Abstammung, ihr Selbstwertgefühl nicht im Einklang mit, sondern gegen die Schule ausbilden."[45]

In den Hauptschulen zeigt sich dieser Konflikt am deutlichsten. Er gilt aber für die Sekundarstufe generell. Kinder bewegen sich in Richtung Welt 4, um sich dieser schulischen Denkwelt anzupassen, sie sind aber noch lange nicht dort zu Hause. Klassische Graves-Welt der Pubertät ist die Welt 3 – mit starker *hin zu*-Orientierung (hin zu Sieg, hin zu Abenteuer, hin zu aufregend neuen Dingen) und noch in-time, d. h. ohne im Handeln die zukünftigen Auswirkungen mitdenken zu können. Welt 4 ist hingegen geprägt durch gut/böse (statt Gewinner/Verlierer) und vor allem *through time*, also „die Zeitlinie ein Stück weit in der Wahrnehmung haben". Schule motiviert klassisch mit besseren Berufschancen, mit dem Jahreszeugnis bestenfalls, während ein Graves 3-Jugendlicher zukünftige Bewertungen gar nicht simulieren kann! Graves 3 bedeutet Bedürfnis nach „immediate rewarding", die Belohnung muss gleich kommen, Strafandrohung wirkt kaum, Wettkampf motiviert am meisten, die größte Angst ist die, das Gesicht zu verlieren, und als Autorität akzeptiert wird nur „der/die Stärkere".

Wir alle kennen jene Schüler, die innerhalb der Klasse niemals nachgeben, wenn der Lehrer sie zurechtweist. Kaum spricht man mit ihnen alleine, zeigen sie sich einsichtig und „tun schuldbewusst" (und spiegeln damit die Welt vier). Vor der Klasse ist ihr Hauptanliegen, das Gesicht zu wahren. Graves drei eben! Es macht einen Unterschied, wenn wir das Verhalten der Jugendlichen betrachten können als „aus welcher Welt heraus handeln sie gerade so", und nicht

45 Precht S. 60.

das Abweichen von der gewünschten Norm in den Vordergrund stellen. Wir müssen das Verhalten trotzdem nicht akzeptieren, wir gehen dann aber emotional anders damit um. - Auch die Einstellung zu Noten, zu Erfolg und Misserfolg kann durch die Graves-Brille differenzierter verstanden werden: Graves zwei entspricht „die Götter haben es gegeben“; der eigene Handlungsspielraum bleibt eher eng, Rituale und „Notentänze“ könnten vielleicht helfen, aber der Einzelne erlebt sich nicht als der eigentliche Verursacher. – Noch ein Beispiel: Konflikte sind für Graves drei nicht unbedingt etwas, das aufhören sollte, bieten sie doch die Gelegenheit sich zu messen und zu gewinnen. Die Erwachsenen haben ein Problem damit, nicht die Kinder, solange es um die Alltagskonflikte geht!

So wie es Menschen gut tut, die verschiedenen Welten in sich lebendig zu halten und zuzulassen, so tut es auch einem System wie einer Schule gut, wenn die Werte aller Stufen ihren Platz haben können. Bei Schulfesten wird Welt zwei gefeiert, bei Schulwettbewerben Welt drei, Welt vier ist omnipräsent, und Welt fünf lebt beispielsweise da, wo eine Klasse sich durch das Buffet bei Schulveranstaltungen eine Klassenreise finanziert. Schulforen oder auch Einrichtungen wie der Schulgemeischaftausschuss stehen für Welt sechs.

Was Clare W. Graves über die Welt drei sagt, die besonders für die Adoleszenz relevant ist[46], das wird in den aktuellen Ergebnissen der Hirnforschung noch untermauert und erklärt. Die Entwicklungspsychologin Evelyn Crone[47] stellt dar, welche Konstellationen im Gehirn von Jugendlichen für deren oft unverständliches Verhalten verantwortlich sind – sie fasst es zusammen als „ein breites Gaspedal und keine Bremse“. Wer vertiefend dazu mehr wissen will, bekommt im Anhang dieses Kapitels noch ein paar Details – als Leseempfehlung!

Lust auf Abenteuer und Gewinnen, wenig Impulskontrolle, wenig Ri-

46 Mit Adoleszenz meint man in unserer Kultur in etwa die Entwicklungsphase zwischen zehn und zwanzig, während die Pubertät die Phase der sexuellen Reifung als Teil der Adoleszenz beschreibt.

47 Evelyn Crone, Das pubertierende Gehirn. Wie Kinder erwachsen werden.

sikoeinschätzung und wenig Planungsfähigkeit – von Clare W. Graves beschrieben, von Erziehenden beklagt, und doch einfach von der Entwicklung des Gehirns so vorgegeben? Wir können das als ständigen Ärger erleben, oder auch einfach als Arbeitsauftrag!

Brandnew personality – coming out soon! (T-shirt-Aufschrift)

* **Reflexionsimpulse:** Wir können uns auch fragen, aus welcher Graves-Welt heraus wir Lehrer und Lehrerinnen die Klasse jeweils führen. Sehen wir sie als Stamm, und wir sind Häuptling? Führen wir sie mit vielen Ritualen und klaren Territoriumsgrenzen? Oder führen wir aus Graves 3 durch unsere Überlegenheit in Stärke und Kraft? Weil wir Auseinandersetzungen gewinnen? Oder berufen wir uns auf Schule, Ordnung und Regelwerk, auf unsere Funktion? Appellieren wir an das Verständnis für Gemeinsamkeit? (Wobei Welt fünf hier nicht zufällig fehlt. Das ist die Welt, die in der Schule am längsten ausgeschlossen war und es fast immer noch ist. Ein Schüler, der um Effizienz bemüht ist, heißt im Schulsystem „Minimalist“, und das ist nicht positiv konnotiert.) Differenzieren wir je nach Klasse? Nach Alter der Kinder? Nach Fach? Wo fühlen wir uns am meisten zuhause? Blenden wir eines aus? - Mit welchem Graves-Level können wir eher schwer umgehen? Was fehlt uns dabei für mehr Empathie? Lassen wir diese Welt in uns selbst zu?

Anhang: Für sicheres und sozialkonformes Verhalten ist es notwendig, Handlungsimpulse auch stoppen zu können. Das geschieht im sogenannten Inhibitationsareal (im ventralen Teil des lateralen präfrontalen Kortex). Bei den einschlägigen Go/No-go-Aufgaben im wissenschaftlichen Labor ist dieser Gehirnbereich bei Kindern zwischen acht und zwölf weit weniger aktiv als bei Erwachsenen, und auch danach entwickelt sich dieses Areal noch über Jahre, bevor es so arbeitet wie bei Erwachsenen über fünfundzwanzig. „Aus diesem Grund können wir auch nicht erwarten, dass Jugendliche in einer lebhaften Unterrichtssituation Informationen in gleichem Maß wie Erwachsene herausfiltern können. Denn es fällt ihnen schwer, ihrem spontanen Impuls, auf die Bemerkungen ihrer Mitschüler einzugehen, zu widerstehen."[48] Wir beklagen uns oft über mangelnde Impulskontrolle bei unseren Schülerinnen und Schülern. Es gehört auch zu unseren Aufgaben daran zu arbeiten. Aber mit dem Wissen darum, dass es um einen normalen Reifungsprozess geht, können wir das stressfreier tun – für die Jugendlichen und für uns selbst!

Hin zu-Orientierung bedeutet auch, dass die Aussicht auf Anerkennung mehr Anreiz bietet als die Angst vor Strafe. Crone hat in ihrem Labor untersucht, wie Kinder, Jugendliche und junge Erwachsene auf Feedbackschleifen reagieren. Die Versuchspersonen sollten bestimmte Sortierungsaufgaben nach vorgegebenen Regeln durchführen. Nach einiger Zeit wurde die Regel geändert, und die Probanden sollten aufgrund der richtig/falsch-Meldung des Computers die neue Regel herausfinden. Ein solches Feedback aktiviert zwei Hirnareale im frontalen Kortex, die für zielgerichtetes Handeln zuständig sind. „Doch noch bei Vierzehn- und Fünfzehnjährigen waren weder der dorsolaterale präfrontale Kortex noch der anteriore cinguläre Kortex ausgereift. Die Hirnregionen, die bei Erwachsenen für zielgerichtetes Handeln zuständig sind, befinden sich bei Jugendlichen also bis in die späte Adoleszenz hinein in der Entwicklung. Doch es gibt einen Hoffnungsschimmer: Obwohl Jugendliche im Vergleich zu Erwachsenen weniger Gehirnaktivität zeigten, wenn sie ein negatives Feedback erhielten, war bei ihnen nach positivem Feedback sogar mehr Gehirnaktivität erkennbar. Offenbar reagiert das Gehirn eines Jugendlichen stärker auf Motivation und Bestätigung, während es mit Strafen und Kritik weniger anzufangen weiß."[49] Warum überrascht uns das nicht? Es entspricht genau dem, was wir aus unserem Schulalltag kennen, und es entspricht auch genau dem, was Graves für die Welt 3 beschreibt. Und trotzdem fällt es uns in der dominanten 4-er-Welt oft schwer, mit „immediate rewarding" zu arbeiten statt mit Tadel und Drohung!

Leben im Augenblick – in time:

Planung ist ein extrem komplexer Vorgang für das Gehirn, bei dem

48 Crone S. 67.
49 Crone S. 74.

unterschiedliche Areale und Subareale beteiligt sind. Die meisten sind im frontalen Kortex angesiedelt und werden unter dem Begriff „Kontrollfunktionen“ zusammengefasst. Dieser Teil reift noch lange in der Adoleszenz, sodass Kinder und Pubertierende mit den Planungsanforderungen von Schule oft überfordert sind. (Trotzdem können wir sie darin trainieren, aber eben mit dem Wissen, dass „Schimpfen“ das Gehirn nicht schneller reifen lässt!)

Noch deutlicher wirkt sich in time beim Umgang mit momentanen Verlockungen aus. Wenn wir mit einer komplexen emotionalen Entscheidung konfrontiert sind, erstellen wir in der Regel nicht eine Liste der Vor- und Nachteile, um die Möglichkeiten gegeneinander abzuwägen. Wir nutzen dafür unsere Gefühle, die sich bei der Vorstellung der jeweiligen Option einstellen. „Eines dieser Gefühle kann nun über das andere die Oberhand gewinnen. Gefühle ermöglichen es uns, kurz- und langfristige Entscheidungen gegeneinander abzuwägen [...] Hier werden die großen Veränderungen, die sich in der Adoleszenz ergeben, ganz deutlich: Das Gefühl dafür, was auf lange Sicht besser ist, entwickelt sich erst spät.“ Der Neuropsychologe Antonio Damasio spricht von somatischen Markern.

„Das sind Verbindungen zwischen erlebten Situationen und den sie begleitenden Gefühlen. Wenn eine Entscheidung ansteht, für die wir verschiedene Alternativen abwägen müssen, werden alle diese Verbindungen aktiv, und wir folgen dem Gefühl, das hierbei die Oberhand gewinnt.“[50] *Bei Jugendlichen zwischen sechzehn und achtzehn sind zwar erste Anzeichen solcher Marker festzustellen, aber sie sind noch nicht so wirksam wie bei Erwachsenen. Für eine unmittelbar bevorstehende Belohnung springt aber in der Adoleszenz ein Areal besonders heftig an, das oft als Vergnügungszentrum des Gehirns bezeichnet wird: der Nucleus accumbens. Hier wird Dopamin erzeugt, eine Substanz, die ein wohliges Gefühl erzeugt. Beim Erwachsenen arbeitet der Nucleus accumbens mit dem frontalen Kortex zusammen, wenn es um Gewinnen, Belohnung oder Risiko geht. Der Nucleus accumbens plädiert sozusagen für die Aussicht auf sofortige Belohnung, der laterale frontale Kortex wägt die lang-*

50 Crone S. 109.

fristige Perspektive ab. In der Adoleszenz sind allerdings die emotionalen Hirnregionen oft besonders stark stimuliert, während der regulierende frontale Kortex noch lange nicht ausgereift ist. Jugendliche werden also sowohl beim Antizipieren einer Situation, die die Chance auf eine Belohnung bietet, als auch bei Entscheidungen, die ein Risikoelement enthalten, stärker von den Vergnügungsregionen im Gehirn gesteuert. „In einer emotional neutralen Situation können Jugendliche Risiken gut einschätzen und gut das Für und Wider möglicher Folgen abwägen (beispielsweise am Küchentisch in einem guten Gespräch mit ihren Eltern [...]). Sobald jedoch die Aussicht auf ein Belohnungsgefühl besteht, werden die Emotionszentren hyperaktiv. Das erklärt auch, warum Teenager oft neue, herausfordernde Erfahrungen suchen.“[51]

51 Crone S. 128.

2. DIE SYSTEMISCHE SICHTWEISE - EINE BRILLE FÜR DIE BRILLEN

„Lebende Systeme sind für sich und andere intransparent und nicht vorhersagbar und von Außen nicht steuerbar.“ (Heinz von Förster in einem Vortrag und viele Andere...)

Das klingt wie eine schlechte Nachricht für Leute, die in ihrem Beruf Kinder und Jugendliche zum Beispiel zu einem bestimmten Bildungsabschluss „steuern sollen“. Gleichzeitig beschreibt diese Aussage genau das, was alle Erziehenden (und Führungskräfte) immer wieder erleben. Wir deuten diese Erfahrung nur meist anders, indem wir davon ausgehen, dass jemand einen Fehler gemacht hat. Im Konzept des systemischen Ansatzes gibt es andere Erklärungen! Menschliche Systeme sind komplexe Systeme und in diesem Sinne „nicht-trivial“. Ein triviales System liefert bei gleichem Input immer den gleichen Output. Tut es das nicht, dann ist es kaputt und wir lassen es reparieren. Eine Kaffeemaschine soll immer das gleiche liefern, wenn wir den gleichen Knopf drücken. Ein nicht-triviales System liefert bei gleichem Input eben nicht den gleichen Output! Es bezieht seinen Zustand und seine Erfahrungen in die Verarbeitung des Inputs mit ein. Wenn wir eine Billardkugel anstoßen, dann können wir als gute Billardspieler annähernd vorhersagen, wie sie sich verhalten wird. Stoßen wir einen Menschen an, können wir eher vorhersagen, was er nicht tun wird: sich in Luft auflösen oder fortschweben. Wir alle kennen Beispiele für Situationen, in denen jemand plötzlich in einer Weise reagiert, wie wir es nie erwartet hätten. Auch wir selbst gehen mit dem Verhalten einer Schülerin je nach Stimmung, Vorgeschichte, Tagesverfassung etc. anders um.

Warum das so ist? Nicht-triviale Systeme arbeiten mit kybernetischen Schleifen. Was man sich unter dem Begriff der Kybernetik vorstellen kann, erklärt Heinz von Foerster so: „Wie im allgemeinen bekannt ist, spricht man von Kybernetik, wenn Effektoren, wie z. B. ein Motor, eine Maschine, unsere Muskeln usw. mit einem sensorischen Organ verbunden sind, das mit seinen Signalen auf die Effektoren zurückwirkt. Es ist diese zirkuläre Organisation, die die kybernetischen Systeme von anders organisierten Systemen unterscheidet.“[52] Ein kybernetisches System nimmt also Informationen aus seiner Umgebung auf, überprüft sie dann entsprechend seinen gespeicherten Verarbeitungsregeln und „handelt dann“.

Das Sesselspiel aus dem Einleitungskapitel kann dafür als Beispiel dienen: Die Anleitungen sind im ersten Teil („Hundertprozentiger Einsatz“ und „keine verbale Kommunikation“) für alle die gleichen, im zweiten Teil zumindest für jeweils fünf Leute. Das – und die ersten Beobachtungen – ist der Input für alle, aber er wird nach unterschiedlichen Transformationsregeln verarbeitet. Für den einen gilt „das ist ein Spiel, da hau ich mich jetzt voll rein“, für einen anderen „da steckt doch sicher eine Lehre dahinter, aber ich komm schon noch drauf“, jemand denkt sich „so ein Chaos, ich halte mich mal raus“ und wieder ein anderer „endlich können wir uns bewegen, wir sitzen schon so lange“. Und je nach Regel gibt es einen jeweils anderen Output, also eine Handlung, die wiederum für die anderen ein Input ist, den sie nach ihren unterschiedlichen Transformationsregeln verarbeiten, und so fort!

Heutzutage gehen wir bereits völlig selbstverständlich mit Rückkoppelungssystemen um. Der Thermostat beispielsweise hat als Referenzwert eine voreingestellte Temperatur. Ein Sensor misst permanent die tatsächliche Umgebungstemperatur und gibt die Daten als Input an den Thermostaten ab. Die Differenz zur voreingestellten Temperatur bewirkt ein Öffnen oder Schließen der Heizungsventile. Auch Servomechanismen funktionieren nach dem gleichen Prinzip.

Ein Set von Regeln bestimmt also, wie mit Input von außen umgegangen werden soll. Bei einfacheren Systemen hat jemand diese Verarbeitungsregeln eingegeben, und wenn sie einfach genug sind, könnte man durch Beobachtung des Outputs bei wechselndem Input auf diese Verarbeitungsregeln schließen. Bei komplexeren nicht-trivialen Systemen ist dies nicht mehr möglich, weil es zu viele solcher Regeln gibt. Ein lebendes System hat in seiner Geschichte so zahlreiche Verarbeitungsregeln abgespeichert, dass es sie auch

52 Heinz von Förster, KybernEthik S. 61.

selbst nicht mehr kennen kann. Wir können höchstens Hypothesen darüber haben, warum wir in einer bestimmten Situation so mit dem Input verfahren sind, und die Verarbeitungsregeln der anderen sind uns sogar noch weniger zugänglich.

Unsere Erfahrung lässt uns das manchmal anzweifeln. Im Alltag scheint es uns doch häufig so, als würden Menschen vorhersagbar und erwartbar reagieren. Sie tun das, weil sie sozialisiert sind. Das bedeutet nicht, dass sie nicht auch anders reagieren könnten. Und einen Hauptbeitrag zu dieser Erwartbarkeit leisten Schulen! Heinz von Foerster erwähnte in Vorträgen immer wieder, dass Schulen „Trivialisierungsanstalten" sind – und das ist auch ihr gesellschaftlicher Auftrag. Kinder sind die nicht-trivialsten und unvorhersagbarsten Geschöpfe, die man sich vorstellen kann, was uns einerseits bezaubert, aber andererseits die Gesellschaft vor Probleme stellen würde, wenn es denn so bliebe. Daher gibt es Einrichtungen, die dafür sorgen, dass diese bunten Wesen später erwartbar handeln: Schulen! Besonders deutlich wird diese Trivialisierung bei den standardisierten Tests. Die Antworten sind vorgedacht, und je näher der Schüler dieser Erwartung kommt, desto besser schneidet er ab.

In den 60-er-Jahren schon wurde scherzhaft das Beispiel einer Geschichtsprüfung erzählt, das illustrieren sollte, wie sehr es doch eigentlich um das Aufsagen des Ein-getrichterten ging nach bloßem „Stichwort" durch den Lehrer: Frage des Lehrers „Was hatte Maria Theresia kaum?" – Erwünschte Antwort: „Kaum hatte Maria Theresia den Thron bestiegen, begann sie Krieg mit Friedrich II ..."

Heinz von Foerster betont dabei ausdrücklich, dass Lehrer gar nichts falsch machen, wenn sie an dieser Trivialisierung arbeiten. Sie tun das, wofür sie unter anderem in ihrem Dienst bezahlt werden. Es macht nur einen entscheidenden Unterschied, ob eine Lehrperson ihr Handeln in dieser Komplexität wahrnimmt, oder ob ihr selbst entgeht, was sie da eigentlich tut. Sind wir uns dieses Trivialisierungsauftrags bewusst, dann fällt uns vielleicht eher ein, die Kinder zumindest zwischendurch wieder an ihr Nicht-Trivial-Sein zu erinnern! Und: Wir selbst können uns immer wieder auf unsere eigene

Nichttrivialität besinnen. Denn daraus folgt letztlich das gesamte Paket an Freiheit und Verantwortung! Zu wissen, dass wir immer auch anders handeln könnten, hebt uns aus der Grube der reinen Reaktionen.

Der Systemtheoretiker Niklas Luhmann wirft die Frage auf, warum wir dann alle letztlich doch nicht-trivial bleiben, obwohl wir durch die Trivialisierungsanstalt Schule gegangen sind. Er beantwortet die Frage selbst: Eigentlich lernen wir in Schulen nur, in welchen Situationen es angebracht erscheint, sich wie ein triviales System zu verhalten. Wir wägen also ganz nach Graves fünf ab, ob es sich in einem konkreten Kontext lohnt, auf unsere Nicht-Trivialität zu verzichten. Das Schulkind, das nach einem prüfenden Blick in das angespannte Gesicht des Lehrers doch sein Buch öffnet und zu lesen beginnt, obwohl es gerade Widerstand geplant hatte, entscheidet sich ebenso für das erwartete Verhalten wie der Mitarbeiter in der Firma, der doch auf Bermudas und Flip Flops verzichtet und sie gegen Jeans und Sakko eintauscht.

Ein weiterer wesentlicher Grundgedanke im systemischen Ansatz ist die von Heinz von Foerster angesprochene Zirkularität. In unserem Alltag unterscheiden wir meist klar zwischen Ursache und Wirkung. Ereignisse in einem zeitlichen Hintereinander deuten wir im Allgemeinen in einem kausalen Bezug: das frühere Ereignis ist der Grund für das spätere. Das bewährt sich auch überall dort, wo wir es mit trivialen Systemen und mechanischen Abläufen zu tun haben. Fährt das Auto nicht mehr weiter, dann hilft es, den Benzinstand zu überprüfen. Allerdings versuchen wir mit diesem Denkmodell auch komplexere Abläufe in sozialen Systemen zu verstehen. Und oft scheitern wir damit!

Paul Watzlawick hat zu diesen kausalen Zuordnungen eine hübsche Anekdote erzählt.

„Einer meiner Leser hat mir ein entzückendes Beispiel mitgeteilt. Er schrieb mir, dass er einen Dobermann besitze, der die Nacht jeweils im Haus verbringt und dann am Morgen in den Garten hinaus gelassen wird, wo er zu einem bestimmten Baum rennt, um sein Ge-

schäft zu verrichten. In der Zwischenzeit bereitet sein Herrchen in der Küche eine Schüssel Milch vor, die der Hund trinkt, sobald er aus dem Garten zurückkommt. Dieses Ritual wiederholt sich jeden Morgen. Eines Morgens jedoch war keine Milch im Haus. Als der Hund in die Küche stürmte, stand er fassungslos vor der leeren Schüssel. Und was tat er dann? Er lief zurück in den Garten, hob wieder sein Bein – ohne Erfolg – und stürmte in die Küche zurück.“[53]

In seiner Wahrnehmung musste seine Verrichtung des morgendlichen Geschäfts ja die Milch in die Schüssel befördern. Es konnte doch kein Zufall sein, dass das zweite immer direkt nach dem ersten geschah. - Wie viele solcher Kausalzuschreibungen haben wohl wir abgespeichert?

Watzlawick hat aus den einfachen kausalen Zuordnungen A = Ursache, B = Folge in seinen Paartherapien ein etwas komplexeres Modell entwickelt: die Interpunktion. In seinem Beispiel wirft die Ehefrau dem Ehemann vor, zu oft am Abend im Wirtshaus zu sitzen. Der Ehemann kontert, er müsse ja ins Wirtshaus gehen, weil seine Frau ständig nörgle. Sie entgegnet wiederum, sie nörgle ja nur, weil er dauernd im Wirtshaus sitze. Es gibt also eine wiederkehrende Abfolge von Ereignissen, wobei sich das Nörgeln und das Im-Wirtshaus-sitzen abwechseln. Allerdings setzen die Eheleute die Satzzeichen unterschiedlich! Während für den Ehemann das Nörgeln die Ursache ist, sieht die Ehefrau darin die Wirkung. Mit diesem Gedanken der Interpunktion verschwindet zumindest die Annahme, dass es einen „objektiven“ Grund gäbe. Es wird deutlich, dass ein Subjekt diese Zuschreibungen trifft.

Vom Gedanken der Interpunktion ist es nicht mehr weit zum Kreis der Wechselwirkungen, wie ihn Schulz von Thun darstellt.

---

53 Paul Watzlawick, Vom Sinn des Sinns oder Vom Sinn des Unsinns S. 75.

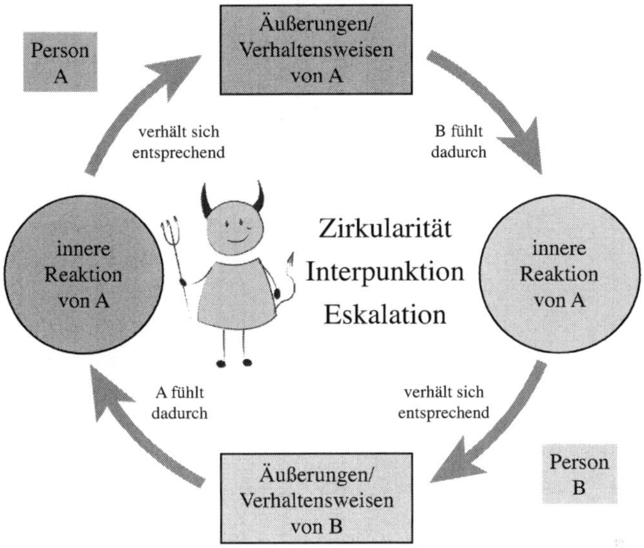

Abb.1: Kreis der kommunikativen Wechselwirkungen nach Schulz von Thun

Ist nun der Lehrer so streng, weil die Klasse so undiszipliniert ist? Oder verhält sich die Klasse so aufsässig, weil der Lehrer so streng ist? Diese Suche nach der klaren Ursache macht in einem systemischen Denkansatz wenig Sinn. Es wäre vielleicht durchaus interessant, eine Antwort darauf zu finden. Es ist nur nicht möglich, mehr als Hypothesen darüber zu bilden. Stattdessen macht es mehr Sinn, die Wechselwirkung zwischen dem Verhalten der Klasse und dem Verhalten des Lehrers als solche zu erkennen und diese Routine dann zu stören.

Noch ein Gedanke ist typisch für diesen Ansatz, der schon bei der Frage nach dem „Kinder mögen" erwähnt wurde: Systemisches Denken schreibt den Elementen eines sozialen Systems nicht feste Eigenschaften zu. Vielmehr fragt man hier danach, in welchen Kontextbedingungen ein Element dieses spezielle Verhalten zeigt und in welchen Kontextbedingungen es vielleicht ein anderes Verhalten zeigen könnte. Denn das, was ein System von seiner Umwelt unterscheidet, sind nicht die Elemente mit ihren Eigenschaften, sondern die Beziehungsstruktur zwischen diesen Elementen. Wenn eine Personengruppe einerseits einen Gesangschor bildet und andererseits den Vorstand eines Fußballvereins (was in ländlichen Gegenden durchaus vorkommen kann), dann sind die Elemente die gleichen, und trotzdem sind es zwei unterschiedliche Systeme.

Der neunjährige Piotr verhält sich im Unterricht unruhig, unkonzentriert, lebhaft, er kann kaum stillsitzen und wetzt auf seinem Sessel hin und her. Irgendwann im Schuljahr bemerkt sein Lehrer, Herr Rohrbach, dass der Junge schon seit einiger Zeit wesentlich ruhiger den Schultag beginnt. Herr Rohrbach freut sich, dass seine Erziehungsversuche Früchte tragen. Als er Piotr dafür lobt, meint der Junge: „Ja, wir sind doch umgezogen und jetzt habe ich einen viel weiteren Schulweg. Ich bin immer richtig ausgelaufen, bis ich in der Schule bin." Herr Rohrbach freut sich trotzdem...

Nicht nur im Bewertungs- und Entscheidungsbereich bedeutet die Nicht-Trivialität der Kinder, dass wir sie nicht von A nach B „steuern" können. Auch das Lernen selbst ist ein äußerst nicht-trivialer Vorgang. Wir füllen nicht Information ein über einen Trichter, wie schon festgestellt wurde. Auch Inhalte, die wir an die Lernenden herantragen, sind nur Impulse für das System, die es nach seinen eigenen Transformationsregeln bearbeitet und daraus etwas „konstruiert" im Sinne von „zusammenbaut". Die Welt kommt nicht in uns hinein als Foto, als Abbild dessen, was es „da draußen" gibt. Die traditionelle Erkenntnistheorie geht von der Annahme aus, dass wir Menschen immer genauer die Realität erkennen können, die uns umgibt, dass wir der „Wahrheit" immer näher kommen. Ob das, was wir über die Welt wissen, „wahr ist", würden wir demnach in einem direkten Vergleich mit der Realität erkennen können.

Der *Konstruktivismus* hingegen weist darauf hin, dass wir die Realität niemals außerhalb unserer Gehirne wahrnehmen können, und dass daher diese vergleichende Überprüfung niemals stattfinden kann. Der Begriff der „Wahrheit" taugt also nicht für die Wissenschaft.

Siegfried J. Schmidt formuliert den Kerngedanken des Konstruktivismus folgendermaßen: „Wir konstruieren durch unsere vielfältigen Tätigkeiten (Wahrnehmen, Denken, Handeln, Kommunizieren) eine

Erfahrungswirklichkeit, die wir bestenfalls auf ihre Gangbarkeit oder Lebbarkeit [...] hin erproben können, nicht aber auf ihre Übereinstimmung mit einer wahrnehmungsunabhängigen Realität."[54]

Heinz von Foerster, ein weiterer Vertreter dieser Richtung, beschreibt das „Prinzip der undifferenzierten Codierung":

„In den Erregungszuständen einer Nervenzelle ist nicht die physikalische Natur der Erregungsursache codiert. Codiert wird lediglich die Intensität dieser Erregungsursache, also ein „wieviel" und nicht ein „was"". Die Sinneszellen, seien es die Geschmacksknospen der Zunge, die Tastsinneszellen oder all die anderen Rezeptoren, die mit einer Empfindung wie Geruch, Wärme und Kälte, Schall oder anderem verknüpft sind, sind „blind" für die Qualität der Reize und sprechen lediglich auf deren Quantität an. [...]

Das mag erstaunlich sein, sollte aber nicht überraschen, denn tatsächlich gibt es ja ‚da draußen' weder Licht noch Farbe, es gibt lediglich elektromagnetische Wellen; es gibt ‚da draußen' weder Schall noch Musik, es gibt nur periodische Schwankungen des Luftdrucks; ‚da draußen' gibt es weder Wärme noch Kälte, es gibt nur Moleküle, die sich mit mehr oder minder großer mittlerer kinetischer Energie bewegen, usw. ... Schließlich gibt es ‚da draußen' ganz gewiss keinen Schmerz."[55]

Um die Realitätskonstruktionen im Konstruktivismus bewerten zu können, stellt Ernst von Glasersfeld – Vertreter des „Radikalen Konstruktivismus" - den Begriff der Viabilität auf. Eine Realitätskonstruktion ist dann viabel, wenn sie passt, das heißt, wenn sie zum erfolgreichen Überleben einer Spezies oder eines Subjekts beiträgt. Wissenschaftliche Annahmen sind so lange viabel, als sie für unser weiteres Handeln – ob in der Wissenschaft oder im

---

54 Schmidt, Siegfried J.: Kognitive Autonomie und soziale Orientierung. Konstruktivistische Bemerkungen zum Zusammenhang von Kognition, Kommunikation, Medien und Kultur. Frankfurt am Main: Suhrkamp, 1994.

55 Heinz von FOERSTER: Erkenntnistheorien und Selbstorganisation. In: Schmidt, Siegfried J. (Hg.): Der Diskurs des Radikalen Konstruktivismus. Frankfurt/Main 1984, S. 133-158.

Alltag – hilfreich sind. Um den Begriff der Viabilität zu veranschaulichen, stellt Ernst von Glasersfeld die beiden Wörter „match“ ((überein)stimmen) und „fit“ (passen) gegenüber.

Sagen wir, dass etwas „stimmt“, beispielsweise eine Abbildung, so bedeutet dies, dass sie das Abgebildete wieder gibt und mit ihm in irgendeiner Weise gleichförmig ist. Sagen wir andererseits von etwas, dass es „passt“, so bedeutet das nicht mehr oder weniger, als dass es „den Dienst leistet, den wir uns von ihm erhofften.“ Ein Schlüssel passt, wenn wir mit seiner Hilfe das Schloss öffnen und das Haus betreten können. Wir wissen damit aber nichts über das Schloss (außer, dass dieser Schlüssel es öffnet) und nichts über das Haus![56]

Wie geht das mit den Aufgaben von Schule zusammen? Glasersfeld selbst fand den „Boom“ des Konstruktivismus in der pädagogischen Literatur „eher unbehaglich. Wenn Forschungsprogramme und Schulen verkünden, dass sie das ‚konstruktivistische Paradigma‘ übernommen haben, dann fangen ganz unschuldige Leute an zu glauben, dass die konstruktivistische Neuorientierung die Erziehung und die Schule aus ihrer ‚Krise‘ befreien wird, was immer auch ihr Grund sein mag. Das ist natürlich Unsinn und aus meiner Sicht kontraproduktiv.“[57] Er sieht den möglichen Beitrag vor allem auf methodischer Ebene: „Da aus dem Radikalen Konstruktivismus hervorgeht, dass es niemals nur einen einzigen richtigen Weg gibt, kann er unmöglich eine einzige festgelegte Lehrmethode anbieten. [...] Zu allen Zeiten hat es ausgezeichnete Lehrer gegeben, aber sie wurden immer wieder behindert, denn die Methoden, die sie anwenden wollten, passten nicht zu den didaktischen Konventionen, die die Schulen bestimmten. Die konstruktivistische Orientierung [...] bietet eine angemessene und fruchtbare theoretische Basis für die Entwicklung phantasievoller Lehrmethoden.“ Er beginnt seine Anregungen mit dem Abschnitt „Lehren statt dressieren“ und beruft sich dabei auf Kant ... [58]

---

56 Zur Vertiefung empfiehlt sich Horst Siebert, Pädagogischer Konstruktivismus, Luchterhand-Verlag.

57 Ernst von Glasersfeld, Radikaler Konstruktivismus S. 283.

58 „Der Mensch kann entweder bloß dressiert, abgerichtet, mechanisch unterwiesen

Im Grunde liefert der Konstruktivismus die erkenntnistheoretische Begründung für das, was schon Rabelais und Comenius gesagt haben: Lehren heißt nicht Wissen vermitteln, sondern Lernen – und damit die Konstruktion von Wissen – anregen.

Für uns Lehrer und Lehrerinnen gilt allerdings die gleiche Erkenntnis! Auch wir nehmen nicht einfach wahr, was sich vor uns in der Klasse abspielt. Wir filtern, wir deuten, wir vergleichen mit unseren Überzeugungen und bewerten, und aus all dem bauen wir uns ein Bild vom Geschehen, das wir dann für die objektive Realität halten. Aber auch das, was wir über eine Klasse oder ein Kind zu wissen meinen, ist eine Wirklichkeits*konstruktion.* Etwas anderes ist uns nicht möglich, unser Gehirn arbeitet eben auf diese Weise. Aber wir können uns dessen bewusst sein und es auch mitkommunizieren.

Und wie können wir dann Noten geben? – Diese Frage stellen Schüler sehr schnell, wenn sie vom Konstruktivismus gehört haben. Die Antwort: „Wir haben in diesem System eine Position, auf der unseren Wirklichkeitskonstruktionen eine gewisse Aussagekraft zugeschrieben wird." Das ist vielleicht auch schwer zu akzeptieren für einen Pubertierenden, aber es tut wenigstens nicht so, als wären wir zu einem „objektiven Urteil" gekommen!

Eine Autofahrerin biegt in eine Bundesstraße ein, eher „flüssig" – trotz Stoppschild. Nach 20 Metern winkt ein Polizist am Straßenrand, sie bleibt stehen, kurbelt das Fenster herunter, meint keck: „Aber ich habe ja angehalten!" Der Polizist, sehr ruhig und freundlich: „In meiner Wahrnehmung nicht, und meine Wahrnehmung zählt in dieser Situation mehr." Lässt es sich nicht mit dieser Klarheit manchmal besser leben als mit moralischen Belehrungen und Schein-Beweisführungen?

Die Vorteile des systemischen Denkens liegen auf der Hand. Vor allem in einem pädagogischen Kontext erweitern sich damit die Handlungs-

oder wirklich aufgeklärt werden. Man dressiert Hunde, Pferde, und man kann auch Menschen dressieren. [...] Mit dem Dressieren aber ist es noch nicht ausgerichtet, sondern es kommt vorzüglich darauf an, daß Kinder denken lernen."

möglichkeiten enorm! Es ist dennoch nicht das „richtigere" Denken im Sinne von Graves vier (richtig/falsch), sondern das komplexere Denken im Sinne von TransGraves: nicht exklusives Oder, sondern sowohl–als auch, und das Wissen um die Kontextabhängigkeit unserer Bewertungen. Auch die verschiedenen Graveswelten sind (gedankliche) Kontexte, innerhalb derer wir Ereignisse bewerten.

Woran erkennt man, ob eine Lehrperson systemisch denken kann?

Sie weiß darum, dass die Kinder und Jugendlichen in ihrer Nichttrivialität von außen nicht steuerbar sind und sie nicht wissen kann, wie der Einzelne mit ihrem Input umgehen wird. Das gilt einerseits für die Inhalte, die gelehrt werden, andererseits aber auch für alle anderen Interaktionen. Lebende Systeme sind irritierbar, störbar, beeinflussbar – aber nicht im Sinne einer linearen Kausalität. Wenn ein Input also nicht den gewünschten Output bringt, dann geht es nicht darum, nach dem Schuldigen zu suchen. Weder das Kind noch die Lehrerin müssen etwas falsch gemacht haben. Es geht einfach darum, einen anderen Impuls auszuprobieren, bis wir uns einem erwünschten Zustand annähern. Schulalltag ist meistens anders. Reagiert ein Kind auf einen Input nicht wie erwartet (und wie es viele vor ihm getan haben), dann ist die erste Idee: „Das Kind muss repariert werden." Schule gelingt es so, Erfolge stets sich selbst zuzuschreiben und Misserfolge den Schülern!

* **Reflexionsimpulse:** Bei welchem Kind, bei welchem Jugendlichen komme ich derzeit mit meinen Interventionen nicht weiter? Was könnte ich anders machen, um durch eine Irritation die Wahrscheinlichkeit für eine Verhaltensänderung zu erhöhen? Wo habe ich besonders einschränkende Eigenschaftszuschreibungen getroffen? Wie kann ich mich in meiner Sprache mehr auf Verhalten und weniger auf Eigenschaften beziehen, wenn ich Rückmeldungen gebe? Wo sehe ich zirkuläre Abläufe, die mich unzufrieden machen? Wie kann ich diese stören, damit etwas Anderes möglich wird?

3. DAS DRAMA IM SCHULALLTAG - EINE BRILLE FÜR DIE DEESKALATION

Sich zu ärgern ist wie Gift trinken und dann hoffen,
es würde deine Feinde töten.
(Nelson Mandela)

Hinter vielen Konfliktsituationen in Schulen blitzt ein Modell hervor, das in der Grundstruktur schon in den Siebzigerjahren beschrieben wurde: Das Dramadreieck. Stephen Karpman erklärt das Schema Täter-Opfer-Retter anhand der Rollen im Märchen von Rotkäppchen.[59] Rotkäppchen wird ungewollt und unbewusst zum Täter, wenn es dem Wolf verrät, wo die Großmutter wohnt, und dann zum Opfer des Wolfes, bis der Jäger kommt und als Retter für Rotkäppchen zum Täter für den Wolf wird, der seinerseits zum Opfer wird.

Vom Dramadreieck zur Drama-Dynamik

Jenseits der mannigfaltigen Möglichkeiten des Rollenwechsels im Dramadreieck entdeckte Roman Braun Ende der neunziger Jahre im Zuge eines UNIDO-Friedensstiftungs-Projekts, dass es die Form und Richtung des Rollenwechsels gibt, die zur stabilen Verschlimmerung führt[60]: die von ihm so benannte Drama-Dynamik.

---

59 Stephen Karpman, Vertreter der Transaktionsanalyse aus der Gründerzeit, Mitarbeiter von Eric Berne, publizierte 1968 einen Artikel „The Drama Triangle", - „one of the most damaging psychological processes that we see today." FAIRY TALES AND SCRIPT DRAMA ANALYSIS, Transactional Analysis Bulletin, Vol. 7, No. 26, April, 1968, Stephen B. Karpman, M.D http://www.karpmandramatriangle.com/pdf/DramaTriangle.pdf

60 Roman Braun et.al.: Führen ohne Drama, Linde-Verlag

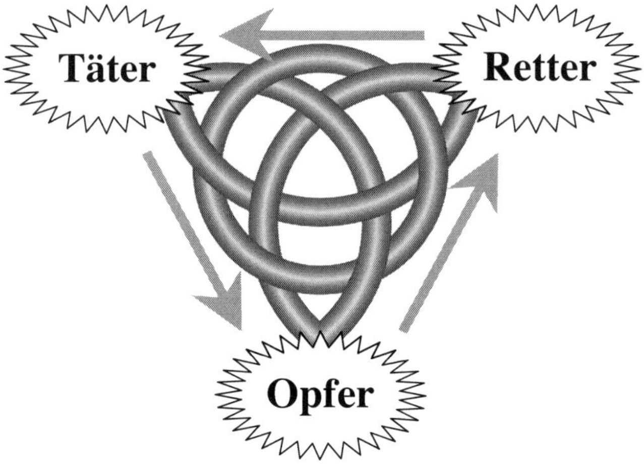

Abb. 2: Drama-Dynamik nach Roman Braun

So dreht sich das Karussell in vielen Märchen, und noch heute gehört es zu den Grundmustern abendländischer Kommunikation.

Volksschule. Hofpause. Viele Kinder, viel Bewegung. Dominik und Paul rangeln herum, der eine schubst, der andere schnappt sich die Kappe des anderen, der erste schimpft wüst, worauf der andere ihn auf den Oberarm boxt ... würde man fragen, wer hier Opfer ist und wer Täter, dann würde Dominik sich als Opfer sehen - und Paul in Dominik den Täter. Und die Schulglocke zum Ende der Pause würde das Ganze beenden, zumindest vorerst. Das Spiel kann morgen wieder gespielt werden. Es ist ein Konflikt, es ist noch kein Drama.

Aber heute erblickt Dominik mitten im „Streit" die aufsichtführende Lehrerin Frau Bader. Er läuft zu ihr, weist anklagend in Richtung Paul und sagt: „Der hat mich geboxt." Gäbe es in dieser Szene erklärende Untertitel, so würde dort stehen: „Wir haben gerade einen Konflikt, wir sind erst zu zweit, Sie könnten aber mitspielen. Wollen Sie mein Retter sein?"

Wenn sich Frau Bader nun zu Paul wendet und forsch sein Mitteilungsheft verlangt, um dort eine Rüge einzutragen, dann hat sie die Einladung angenommen. Sie hat sich damit auf die Täterposition bewegt und den „designierten" Täter Paul auf die Opferposition verwiesen. Der denkt sich seinerseits: „Mütter sind geborene Retterinnen!", legt seiner Mutter zu Hause das Mitteilungsheft mit feuchten Opferaugen hin und sagt: „Immer hält sie zu den anderen Kindern, sie mag mich nicht!"; im Subtext (unausgesprochen und nicht bewusst): „Wir haben eine Dramarunde laufen, du kannst noch einsteigen, du müsstest mich retten! Zeig's ihr!" Die Mutter kann die Einladung annehmen, in die Schule eilen, Frau Bader vorwurfsvoll der Lieblosigkeit bezichtigen (und damit die Täterposition besetzen und der Lehrerin die Opferposition anbieten), diese denkt sich „Wozu gibt es Schulleiter?" und deponiert dort eine Rettereinladung, der Schulleiter gibt der Mutter einen Termin ... und inzwischen haben Dominik und Paul längst das Interesse daran verloren und zeigen einander die neuesten Handy-Apps. Die Erwachsenen spielen noch einige Runden.

Das Modell der Dramadynamik erklärt nicht die Entstehung eines Konfliktes, sondern die Prolongation und Eskalation von Konflikten. In Schulen gehört dieses Muster zum Vertrautesten, das es gibt. Es ist so vertraut, dass es uns nicht einmal mehr bewusst ist - und unvermeidbar erscheint.

Was kann die Lehrerin anders machen?

Sie kann anhören, wie Paul die Situation schildert. Damit gibt sie sich die Rolle der Richterin, und die Kinder lernen: „Bei einem Konflikt brauchen wir einen ‚Großen'."

Sie kann mit beiden gleichzeitig sprechen und versuchen, den Konflikt zu klären. Damit gibt sie sich die Rolle der Mediatorin, und die Kinder lernen: „Bei einem Konflikt brauchen wir einen ‚Großen'."

Sie kann abwehren – „Macht euch das selbst aus!" – und bekommt dann eine Täterzuschreibung. Es gibt kein Drama, aber die Kinder haben auch nichts gelernt.

Gibt es noch eine Handlungsoption?

Jede Kommunikation mit dem angeklagten Täter dreht das Drama-Rad weiter in Drama-Richtung. Die entscheidende Veränderung wird möglich, wenn die Lehrerin mit dem anklagenden Opfer in der Kommunikation bleibt. Wie?

Szenenwechsel. Ein Spielplatz mit einer Sandkiste. In einem Eck ein sechzehn Monate altes Kind mit einer leuchtend bunten Schaufel, im anderen Eck ein zweieinhalbjähriges Kind mit begehrlichem Blick. Das größere holt sich das Spielzeug, ohne auch nur ein Auge auf den Besitzer zu werfen, und kehrt an seinen „Arbeitsplatz" zurück. Das jüngere Kind weint über den Verlust, was die Mutter auf den Plan ruft. „Was ist los?" – Der Kleine legt eine Hand über seine Augen – „ich bin traurig" – und zeigt mit der anderen Hand in Richtung des anderen Kindes – „dort ist meine Schaufel". Die Mutter stapft zum designierten Täter, entreißt ihm die Schaufel und erzählt ihm etwas von „hinter Schloss und Riegel enden". Beide Kinder haben inzwischen jedes Interesse am Sand-Schaufeln verloren, das von der Mutter dargebotene Schauspiel ist wesentlich interessanter. Noch ein, zwei Szenen dieser Art – und die Kinder beherrschen die Struktur.

Was hätte die Mutter anders machen können?

Noch ein Szenenwechsel. Kindergarten, Elternabend. Es geht um Zweijährige. Die meisten kommunizieren in Drei-Wort-Sätzen. Die Kindergärtnerin hat angekündigt: „Es geht um verbales Konfliktverhalten." Die Eltern schütteln erstaunt den Kopf. Ist das auf dieser Sprachstufe nicht verfrüht? Aber die Kindergärtnerin macht es vor: Ein kleiner Zeichentisch ist gerade von Chris besetzt; Alexandra drückt, dem Alter entsprechend, durch einen Ellbogencheck aus, dass sie jetzt dran ist. Die Kindergärtnerin stellt sich zu Alexandra und bietet ihr an: „Sag ihm, ich mag zeichnen, ich mag auch, ich mag jetzt." (Also Bedürfnisartikulierung in Dreiwortsätzen! Warum glauben wir, dass Rosenbergs gewaltfreie Kommunikation nur in komplexem Satzbau funktioniert?[61]) Chris hat schon unterbrochen und schaut erwartungsvoll hoch. Als ihn die Kindergärtnerin fragt, wie lange er noch zeichnen möchte, sagt er: „Das Haus noch."

---

61 Bezug auf M. B .Rosenberg, Gewaltfreie Kommunikation, Junfermann-Verlag 2003.A

(Ein Dreiwortsatz!) Die Frage der Kindergärtnerin an Alexandra, ob sie noch warten könne, wird von beiden Kindern in völliger Trance im Raum stehen gelassen. Auch da ist das neu Gelernte interessanter als das Zeichnen. Chris zeichnet halb motiviert das Haus fertig und bietet dann Alexandra seinen Platz an, die halbherzig übernimmt.

Damit tauchen andere Handlungsmöglichkeiten der Mutter und der Lehrerin auf: Es geht nicht darum, stellvertretend für das Opfer zu handeln, und es geht nicht darum, das vermeintliche Opfer allein zu lassen. Es geht darum, es auf einem Gedankenrundgang zu begleiten, bei dem es selbst Handlungsmöglichkeiten entwirft. Bei Zweijährigen beschränkt sich das natürlich auf „Modelle-Anbieten", bei größeren Kindern reicht es, die Suche nach Handlungsmöglichkeiten zu unterstützen.

Zurück zum Schulhof.

Dominik: „Paul hat mich geboxt!"

Frau Bader: „Mhm. Und was werdet ihr tun?"

Dominik reißt die Augen auf.

Die Frage kann magische Wirkung haben.

Sie enthält drei Präsuppositionen:

Ich traue dir zu, dass du handeln wirst.

Ich traue dir zu, dass du Ideen für mehrere Handlungsmöglichkeiten entwickelst.

Ich gehe davon aus, dass ihr das gemeinsam löst.

Und damit hat die Lehrerin die Rettereinladung nicht angenommen. Der Retter wird zum Täter für den Täter und bestätigt dem selbsternannten Opfer die Opferrolle. Sie aber sieht in Dominik weiterhin seine mögliche Größe, übernimmt die Mentorenrolle und bietet ihm die Begleitung bei der Lösungssuche an.

Die Struktur hinter der Struktur

Bevor wir Drama und Dramaumkehr genauer beleuchten, werfen wir noch einen Blick auf eine Struktur, die wir uns darunter denken können. Einfach gesagt nehmen wir wahr, vergleichen das Wahrgenommene – unsere Wirklichkeitskonstruktion, nicht die Wirklichkeit! - mit unseren Werten und reagieren auf diesen Vergleich mit unseren Emotionen. So schlicht das klingen mag, es entfalten sich viele Handlungsmöglichkeiten, wenn wir uns diesen Zusammenhang bewusst machen. Im Alltag erleben wir das oft anders – so, als würden uns die Ereignisse außen, als würden die anderen Menschen uns „Gefühle machen" können, ohne dass wir etwas beisteuern. Dieser Schüler macht uns wütend, der Kollege macht uns Druck, jene Mutter macht uns hilflos. Eine solche monokausale Sichtweise kann zum Dünger werden für das Opfergefühl.

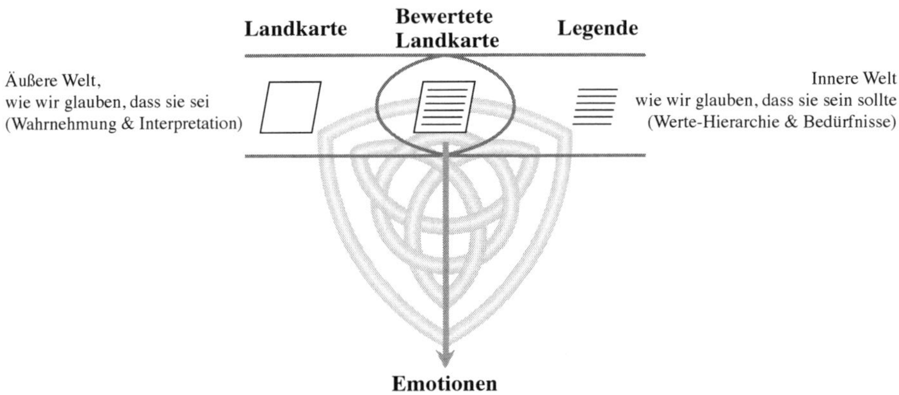

Abb. 3: Landkarten-, Legenden-Vergleich

Der griechische Philosoph Epiktet hat schon darauf hingewiesen: „Es sind nicht die Dinge, die uns beunruhigen, sondern die Meinungen, die wir von den Dingen haben." Wir können gar nicht anders wahrnehmen, als im direkten Vergleich mit dem, was wir gerne wahrnehmen würden; und je nachdem, wie dieser Vergleich ausfällt, stellt unser limbisches Zentrum das passende Gefühl zur Verfügung:

Daumen hoch, wenn ein Bedürfnis genügend erfüllt ist, Daumen runter, wenn ein Wert verletzt ist. Dieser Prozess läuft so schnell ab, dass wir ihn normalerweise gar nicht in seinen Einzelschritten registrieren können. Wir spüren nur unsere Emotion – und oft auch die nicht sofort. Wenn wir uns dann fragen, warum wir eigentlich „schlecht drauf" sind, dann liegt das Ereignis, dessen Bewertung unseren Ärger ausgelöst hatte, vielleicht schon einige Zeit zurück. Manchmal wird uns dann in einer Supervisionssitzung einiges klar – aber davon später.

Es hilft schon, wenn wir uns bewusst machen, dass die Außenwelt nur zusammen mit meinen Interpretationen, Erwartungen und Bewertungssystemen Gefühle auslöst. Möchte ich als Lehrerin viel Rückzugsmöglichkeit, schnelle sichtbare Erfolgserlebnisse und regelmäßige soziale Anerkennung, dann wird meine Stimmungslage öfter grau sein, als wenn ich mir hohe Eigenständigkeit, teilweise freie Zeiteinteilung und viel direkten Kontakt mit sehr lebendigen Menschen wünsche.

Die Dramastruktur – und die Dramaumkehr

Das Modell des Dramadreiecks, wie es von Stephen Karpman beschrieben wurde, können wir uns nun auf diese Struktur aufgesetzt vorstellen: In der Dramasituation bleibt zum Beispiel jemand in den negativen Emotionen hängen – als Opfer an der unteren Spitze des Dreiecks – und hält an seiner Landkartenkonstruktion fest, ohne seine Bewertungsgrundlagen zu reflektieren. Und hier kommt die Bedeutung der Bewegungsrichtung und der Drama-Umkehr ins Spiel[62]: In Dramarichtung hat das Opfer die Retterposition im Blick. Dort ist vielleicht jemand bereit, für den einen verletzten Wert loszuziehen und den Täter zu bestrafen, wie es Dominik auf dem Schulhof von der Lehrerin erwartet. Eine Art „Resthandeln" steht ihm zur Verfügung, wenn er aktiv den Retter aufsucht, aber er „lässt handeln".

Auch der Retter nimmt die gleiche Bewegungsrichtung auf, wenn er die Rettereinladung annimmt und stellvertretend für das Opfer

62 Vgl. Roman Braun et alii, Führen ohne Drama.

mit dem beschuldigten Täter kommuniziert – wie Frau Bader in der ersten Variante, wenn sie Paul bestraft. Und der Täter? – Auch er sieht im Moment des Handelns nur diese eine Möglichkeit: Angriff auf das Opfer.

Bleibt Frau Bader aber wie in der zweiten Variante in der direkten Kommunikation mit Dominik, dann hat sie schon dadurch die Richtung umgedreht, und durch die Frage „Was werdet ihr tun?“ bringt sie für Dominik selbst seine eigenen Handlungsmöglichkeiten in den Blick. Er kann nun den Rundgang in die andere Richtung machen: Was ist geschehen? Welche Bedürfnisse wurden dadurch verletzt? Wie fühle ich mich daher? Und was kann ich jetzt tun? – Bei kleinen Alltagskonflikten haben die Kinder oft gar keine Lust, sich länger mit diesen Gedanken aufzuhalten. Dann lieber weiterspielen... Wenn sie aber mitmachen, dann lernen sie dadurch einen Gedankenpfad kennen, der ihnen selbst auch ohne Unterstützung später zur Verfügung stehen wird. Roman Braun spricht von der trinergetischen Richtung.

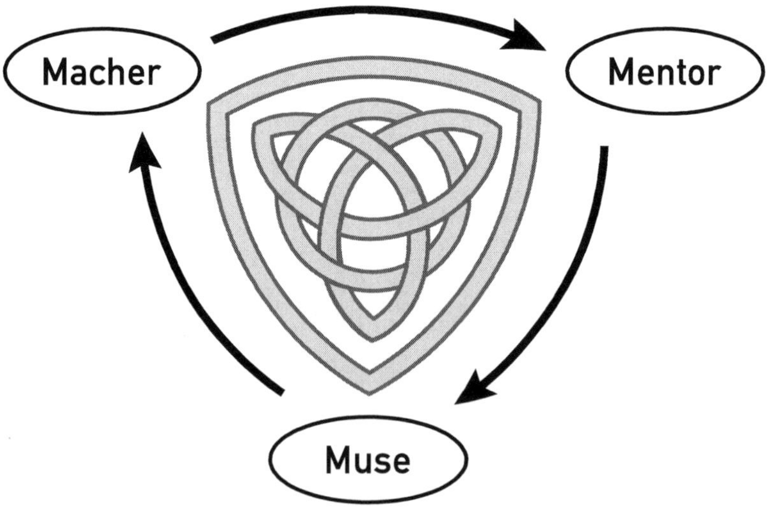

Abb. 4: Trinergetische Richtung der Kommunikation nach Roman Braun

Schule ist ein Biotop für Drama. Die Bedingungen sind besonders günstig, weil Schule infantilisiert – und zwar alle Beteiligten! Sie macht damit nichts Besonderes, Institutionen spiegeln immer wieder ihre Klientel - spiegeln im Sinne von übernommenen Verhaltensweisen durch gegenseitige Sozialisation. Das Unmündig-Sein, das Hilfe-Brauchen, das Noch-Nicht-Können ist allgegenwärtig. Es erstreckt sich auch auf die Erwachsenen, stimmt aber nicht einmal für die Kinder.

Erschwerend kommt in der Schule dazu, dass die meisten der dort Arbeitenden fast das ganze Leben in dieser Institution verbracht haben. „Die Küchenschabe glaubt, die Küche sei die Welt." Die blinden Flecken derer, die so lange im System sind, werden mit den Jahrzehnten nicht weniger. Die Frage „Könnte es auch anders sein?" fällt immer schwerer.

Fragt man die Kinder, wo in diesem Dreieck sie sich wahrnehmen, so kommt: „Auf der Opferposition!". Die Täter sind die Lehrpersonen, die Eltern müssen retten. Oder die Eltern sind die Täter und die Lehrer müssen retten („Bitte können Sie mir nicht doch einen Einser geben, sonst bekomme ich das iPhone nicht.") Wo nehmen sich die Eltern wahr? Auf der Opferposition. Die Täter sind die Lehrer, die Kinder müssen retten. („Bitte mach doch die Zierzeile, sonst muss ich wieder in die Sprechstunde.") Oder die Täter sind die Kinder und die Lehrer sollen retten. („Er will mit Interrail wegfahren, können SIE ihm nicht sagen, wie gefährlich das ist?") Und die Lehrerschaft? Auf der – Opferposition! Wer sind die Täter? Die Eltern, die Kinder, die Kollegenschaft, die Direktorin, das System, die Medien, die Gesellschaft ... in Schule herrscht großes Gedränge auf der Opferposition. Wir Lehrer und Lehrerinnen haben aber in einem professionellen Verständnis dort nicht unseren Platz!

Wie stabil diese Dramatradition in Schule ist, wird die Lehrerin erfahren, wenn sie Dominik nicht „rettet". Applaus wird sie für die Mentorinnenrolle nicht sofort ernten. Zu sehr ist die Gesellschaft an Drama gewöhnt! Wenn sie diesen Weg öfter wählt, wird sie sich durchaus auch mit Beschwerden auseinandersetzen müssen, sie sorge nicht für Ordnung, bestrafe die „Täter" nicht, lasse die Kinder allein. Wir halten nun mal gerne das Gewohnte für das Natürliche. Wir Lehrer und Lehrerinnen müssen schon überzeugt sein von den Entwicklungschancen, die wir damit den Kindern eröffnen, dann halten wir den Gegenwind auch gut aus. Noch wirksamer: Wir reden mit den Eltern über das Warum und das Wie und schaffen damit eine gemeinsame Handlungsbasis für uns Erziehende. Und wir haben trotzdem Handlungsmöglichkeiten, wenn wir zwei raufende Kinder stoppen wollen, bei denen eines deutlich unterlegen scheint. Es genügt, aus der pädagogischen Haltung heraus zu agieren, ohne uns auf das „Opfer" zu beziehen und es dadurch nochmals zum Opfer zu machen: „Aus, ihr beiden, wir wollen das hier nicht."

Dramaeinladungen im Schulalltag – erkennen und damit umgehen

„Also mir geht das nicht ein – warum bekommst du schon wieder die 1. Klasse, und ich muss wieder diese lästigen Dritten nehmen? Manche können sich's anscheinend richten ...?" Ein Täter bietet mir die Opferrolle an – und ich kann entscheiden, ob ich Opfer sein will oder nicht! Damit beginnt es. Fühle ich mich klein und sehe ich ihn groß? Dann bin ich eingestiegen. Ich kann auch etwas Anderes sehen:

Der Täter kommt vom Bereich der Werte und Bedürfnisse, teilt aber nicht mit, inwiefern ein solcher Wert gerade nicht erfüllt scheint, sondern macht den einen Schritt in die Dramarichtung und äußert sich als Täter mit einer „Pseudo-Landkarte". Der trinergetische Impuls führt daher wieder in den Bereich zurück, wo die Dramarichtung eingeschlagen wurde – die Frage nach den Werten und Bedürfnissen, z. B. mit „Moment, ich möchte das verstehen. Worum geht es dir? Ist dir wichtig, dass du eine 1. Klasse bekommst? Oder geht es dir um die Abwechslung?" Vor dem Leading kommt allerdings das Pacing (das Spiegeln), daher ist zuerst wichtig, den Täter zu „pacen"! Ich bleibe gleich groß wie der Täter (zum Beispiel gleich laut, gleiche Körpersprache) und ich möchte „verstehen" (Landkarte), worum es geht. UND: Diese Reaktion ist immer nur ein Angebot, das auch abgelehnt werden kann! (Auch Dramaumkehr ist kein Voodoo.)

Unterrichtspraktikant zu Betreuungslehrer: *„Mit Ihnen geht das ja* *super, Sie helfen mir – aber die andere Betreuungslehrerin lässt mich gar nichts machen, alles, was ich anfasse, kritisiert sie.“* Ein Opfer hat mich als Retter im Visier – und ich kann es zum zweiten Mal zum Opfer machen, indem ich ihm durch mein Retten bestätige: „Du bist kleiner als ich, du brauchst mich.“ Kurzfristig kann ich mich dann vielleicht gut fühlen, nämlich wichtig. Oder ich mache etwas Anderes:

Das Opfer kommt aus dem Bereich der Landkarte, wo es etwas wahrgenommen hat, das nicht zu seinen Werten und Bedürfnissen passt, und anstatt das zu kommunizieren, verharrt es in den Gefühlen und sucht nach einem Retter. Trinergetische Umkehr führt das Opfer also in Richtung Landkarte, fragt nach Daten und Fakten, spricht den kognitiven Bereich an und regt das Handeln an, z. B. „Und was werden Sie tun?“ Davor aber: pacing, die Emotionen wahrnehmen („Sie fühlen sich offenbar momentan etwas hilflos“), und sich niemals größer machen als das Opfer! Jede Reaktion, die das Opfer kleiner macht als den angesprochenen Retter, bestätigt ersterem seine Opferrolle!

Eine Kollegin zum Betreuungslehrer: *„Du, ich weiß ja, dass du das sehr ernst nimmst, und vielleicht sollte ich dir das gar nicht sagen – aber ich hab's eben aufgeschnappt: Dein Unterrichtspraktikant beklagt sich ein bisschen bei anderen, dass du ihm zu wenig konkrete Tipps gibst.“* Ein Retter lädt mich als Täter ein – und ich kann mich als Opfer fühlen, weil er mich zum Täter gemacht hat (??kompliziert?? Ist es!). Auch da gibt es eine Alternative:

Der Retter kommt aus dem Bereich der Emotionen, aber anstatt diese zu kommunizieren entscheidet er sich für eine Retterintervention. Für die Umkehr werden also genau diese nicht kommunizierten Gefühle nachgefragt: „Und wie geht's dir, wenn du das mithörst?“

Wählen Sie aus der folgenden Hitliste Ihre Lieblings-Drama-Einladung:

Sie sind Klassenvorstand. Im Konferenzzimmer kommt eine Kollegin auf Sie zu und meint mit hochgezogener Augenbraue: „Du, deine haben heute wieder keinen Schwamm in der Klasse gehabt." (Wahre Geschichte!) Vater in der Sprechstunde: „Meine Tochter erzählt ja immer ganz begeistert von Ihrem Unterricht. Aber (mit gesenkter Stimme und näherkommend) die Mathematikprofessorin kann ja überhaupt nicht motivieren. Können Sie da nicht einmal ..." (oftmals wiederholte, wahre Geschichte!)

Elternvertreterin einer dritten Klasse AHS zu Klassenvorstand: „Wir müssen einen externen Psychologen holen, in der Klasse gibt es Konflikte!" (Wirklich? Bei Dreizehnjährigen?)

Turnlehrer zu Direktor: „Können sie mal mit dem Kollegen Schnellfuß reden, der lässt immer wieder seinen Orangensaft offen in der Turnlehrergarderobe stehen." (Wahre Geschichte!)

*** Reflexionsimpulse:** Wo ist die Verführung am größten, welche der Rollen ist mir am vertrautesten? Wo gelingt mir für den Anfang am leichtesten, eine Dramaeinladung einmal nicht anzunehmen? Wann habe ich mich zuletzt als Opfer gefühlt? Wie kam das? Was könnte ich in einer solchen Situation anders machen? Wo können unsere Schüler und Schülerinnen ihre Konflikte austragen, ohne dass daraus durch Retterinterventionen ein Drama werden muss?

4. DIE TRIADE - EINE BRILLE FÜR PERSON-ROLLE-FUNKTION

„Alle Dinge, die differenziert nicht abgehandelt werden, kommen später vulgär zurück.“
(Werner Schwab)

Lieber Burn-Out oder lieber innere Kündigung?

Besonders anfällig sind wir für jede Art von Drama, wenn wir etwas „persönlich nehmen“. Das ist einer der Vorwürfe, die Lehrpersonen häufig gemacht werden - dass sie alles schnell persönlich nehmen und daher extrem empfindlich sind! Nicht nur Eltern, auch Jugendliche schütteln darüber manchmal den Kopf. Dieses Außenbild stellt sich nicht nur recht einheitlich dar, es wird auch immer wieder durch verschiedene Teil-Studien gestützt. So scheinen Burnout-Symptome und Erschöpfung bei Lehrern weniger auf schwierige äußere Bedingungen wie Schulform, Klassengrößen oder administrative Vorgaben zurückzuführen. „Den entscheidenden Einfluss auf die psychische Gesundheit von Lehrern hat nach einer Untersuchung der Freiburger Mediziner Bauer und Unterbrink das Ausmaß der erlebten Feindseligkeit. [...] Viele Lehrer haben in dieser Hinsicht eine Leidensgeschichte, die sie in eine Sackgasse führt. Sie machen ihre Verfassung und ihre eigene Kommunikation komplett abhängig vom Verhalten und der Rückmeldung anderer.“[63] - „Professionelle Distanz zwischen sich und dem Job könnte verhindern, dass Lehrer sich an den diversen Erwartungen reiben und aufreiben.“[64]

Da hört man manchmal die Anwort: „Ich will eben nicht nur reiner Wissensvermittler sein!“ Das wäre wieder das andere Extrem; um die Balance zu finden kann eine weitere Brille hilfreich sein: die Unterscheidung von Person, Rolle und Funktion.

---

63 Monika Gruhl, Resilienz für Lehrerinnen und Lehrer S. 25.

64 A.a.O. S.28.

Die Triade Person-Rolle-Funktion

Funktionen sind ein Teil von Organisationen. Es sind Schnittstellen, an denen bestimmte Handlungen in einer Organisation zusammenlaufen. In einer höheren Schule gibt es in Österreich einen Direktor oder eine Direktorin, den Administrator oder die Administratorin, eine Sekretärin (meist weiblich), Schulwarte, Klassenvorstände, Kustoden ... und Lehrer und Lehrerinnen. Landesschulinspektoren oder – inspektorinnen sind jeweils für bestimmte Schulen zuständig. Diese Funktionen gibt es länger als die Personen, von denen sie besetzt werden. Das muss so sein, weil Organisationen eine unbegrenzte Lebensdauer anstreben. Die Funktionen definieren den jeweiligen Teil der Arbeit, die für die Gesamtaufgabe der Organisation zu leisten ist. In Firmen gibt es dafür normalerweise eine „Jobdescription", in der die Tätigkeiten genau beschrieben sind. Schulen ersparen sich das meist. Für die Funktion der Direktion gibt es sie inzwischen, für viele andere Funktionen verlässt man sich einfach auf die Tradition. Für die Funktion „Klassenvorstand" in Österreich ist eine solche Beschreibung recht kurz: „Dem Klassenvorstand obliegt für seine Klasse in Zusammenarbeit mit den anderen Lehrern die Koordination der Erziehungsarbeit, die Abstimmung der Unterrichtsarbeit auf die Leistungssituation der Klasse und die Belastbarkeit der Schüler, die Beratung der Schüler in unterrichtlicher und erzieherischer Hinsicht, die Pflege der Verbindung zwischen Schule und Erziehungsberechtigten, die Wahrnehmung der erforderlichen organisatorischen Aufgaben sowie die Führung der Amtsschriften." (SCHUG §54: Absatz 2)

Eine solche Funktion kann aber nicht handeln. Sie ist nur ein abstrakter Ort in einem Organigramm. Erst wenn eine Person eine Funktion übernimmt, können diese Arbeiten geleistet werden. Die Person wird allerdings von der Organisation nicht zur Gänze gebraucht: Die Tatsache, dass eine IT-Spezialistin auch eine ausgezeichnete Chorsängerin ist, spielt für das Unternehmen höchstens bei der Weihnachtsfeier eine Rolle. In einem für die Firma wesentlichen Bereich wird dafür „Gefolgschaft" erwartet. „Da sie nur partiell gefordert sind, sind die Mitglieder von Organisationen bereit, innerhalb gewisser Bandbreiten das zu tun, was von ihnen verlangt wird, unabhängig davon, ob es ihnen als Privatpersonen im Einzelnen sinnvoll erscheint.“[65] Die Frage, wie weit diese Bandbreite gefasst ist – Simon nennt sie „Indifferenzzone“ - und wie viele Dinge wir tun, ohne sie für sinnvoll zu erachten, hat natürlich einen enormen Einfluss auf unser Wohlbefinden und auch auf unsere Bereitschaft, uns ins Zeug zu legen! Umgekehrt wird es mühsam, wenn eine Person alles in Frage stellt, was nicht zu ihrer persönlichen Sicht der Dinge passt.

Aber damit ist es noch nicht getan. Denn zu jeder Funktion gibt es noch die Rolle: ein Bündel von Verhaltenserwartungen an diese Funktion, und zwar Erwartungen von außen einerseits, aber auch die Erwartungen des Funktionsinhabers selbst. Im Gegensatz zu den zumindest in Betrieben klar kommunizierten Aufgaben der Funktion sind diese Erwartungen an die Rolle jedoch fast völlig undefiniert. Ein Neuankömmling muss sie mühsam herausfinden. Sie haben mehr mit der Kultur eines Unternehmens zu tun als mit der Struktur, und sie haben natürlich auch mit den Annahmen der Person zu tun, die die Funktion innehat. Sie sind die Schnittstelle zwischen den Anteilen der Person und den Anforderungen der Organisation.

Aber Achtung! Die Verhaltenserwartungen bedeuten noch nicht, dass sie alle erfüllt werden müssen! Wir spüren sie selbst zum Teil als unseren eigenen Anspruch, und wir nehmen wahr, was von außen an uns herangetragen wird. Manche Erwartungen werden uns erst bewusst, wenn sich jemand darüber beklagt, dass wir sie nicht erfüllen. Und manche Erwartungen haben nur wir an uns selbst ...

Also: Die Funktion beschreibt WAS getan werden muss, die Person steht für das WER und die Rolle für das WIE.

Bleiben wir beim Klassenvorstand. Als Funktion ist diese Aufgabe überschaubar. Die Rolle geht weit darüber hinaus: Mediatorin, Detektiv, Beschwerdestelle, Moderator, Wanderführer, Event Managerin, Raumverschönerer, Seelentröster, Sozialarbeiter, Teamkoordinatorin, Gendarm ... um nur einige wohlbekannte zu nennen! Manche

65 Fritz Simon, Einführung in dic systemische Organisationstheorie, Heidelberg 2007, S.14.

davon wollen wir erfüllen, weil sie zu unserer eigenen Vorstellung von dieser Funktion passen, manche lehnen wir bewusst ab, und manche glauben wir erfüllen zu müssen, fühlen uns dabei aber nicht wohl. Es liegt an uns, eine solche Rolle zu designen. Wir können uns die Frage stellen: „Wer bin ich hier und wofür soll es mich geben und wofür nicht?“ Natürlich setzt das voraus, dass wir uns Gedanken gemacht haben darüber, was unserer Meinung nach in ein bestimmtes Rollenpaket passt. Und es setzt voraus, dass wir aushalten, wenn uns das Nichterfüllen einer Erwartung vorgehalten wird! Der umgekehrte Weg – alles erfüllen zu wollen – führt zu Frust und Überforderung, und wenn wir dann vergessen, dass wir als nichttriviale Systeme Entscheidungen treffen, dann liegt der Weg ins Drama offen und breit vor uns!

Erinnern Sie sich an die Metapher im Eingangskapitel? Das Spiel mit den Sesseln? Das ist eine Miniatur für diese Unterscheidung. Was die einzelnen Mitspieler auf ihren kleinen Zetteln lesen, das entspricht einer Minifunktion. Es beschreibt, was zu tun ist. Jede Person bringt nun ihre Verarbeitungsregeln mit ein und gestaltet dementsprechend die Aufgabe und damit ihre Rolle. Es gibt die Kämpfer, die auch körperliche Kraft einsetzen (Graves drei darf aktiviert werden!), es gibt die Verhandler (sie werden nur meist nicht gehört), es gibt die Analytiker ... Natürlich ist hier die Rollenvielfalt besonders hoch (und der Anteil der Person), weil die Funktion kaum Grenzen setzt. Aber als Miniatur funktioniert es.

Die Balance zwischen Person, Rolle und Funktion kann gestört sein, wenn beispielsweise Person und Rolle zu sehr miteinander verschmelzen. Dann nehmen wir auch die Dinge zu “persönlich“. Zu meiner Rolle als Lehrerin gehört ja durchaus, den Jugendlichen als Reibebaum zu dienen. Wir sind RepräsentantInnen jener Erwachsenenwelt, die spätestens nach der Schulzeit auf sie wartet; wir vertreten Nein-Anschlüsse, mit denen sie später umgehen müssen. Der Zorn der Pubertierenden gilt daher der Rolle, nicht der Person, auch wenn die Schüler das im Augenblick nicht differenzieren können. Wenn aber eine Lehrperson mit gleich heftigen Emotionen von einem Konflikt mit einem 16jährigen berichtet wie der Junge, dann entspricht das nicht mehr einem rollengemäßen Verhalten!

Da ist fast zur Gänze die Person involviert.

Die Herausforderung besteht darin, dass die Arbeit mit Kindern und Jugendlichen einen besonders hohen Anteil der Person erfordert; sonst holen die Kids sich das durch Provokation! Es ist ein feines Spiel mit den emotionalen Reglern. Das andere Extrem ist nämlich die innere Kündigung, bei der die Person weitgehend aus der Rolle draußen bleibt; und das ist das, was man sehr oft als Gemeinplatz über dienstältere Lehrer hört. Beide Extreme machen die Arbeit mühsamer und – was noch schwerer wiegt - machen krank, und zwar im schlimmsten Fall beide Seiten – Lehrer und Schüler. Aber solange die Flexibilität besteht, sozusagen am Mischpult ein bisschen mehr oder ein bisschen weniger Person dazu zu nehmen, solange bestehen mehr Handlungsmöglichkeiten. Es macht auch einen Unterschied, ob man gerade in der Klasse steht, ob man mit einem Kind einzeln spricht, ob man sich im Konferenzzimmer aufhält oder Elterngespräche führt. Nicht in all diesen Kontexten ist gleich viel Person notwendig und hilfreich.

Eine konkrete Rollenkonstellation gehört zur Grundausstattung des Lehrerseins während des Unterrichts. Wir können als Vergleich Training und Wettkampf eines Eiskunstläufers heranziehen. Der Athlet ist gerade dabei, einen schwierigen neuen Sprung einzustudieren, der ihm naturgemäß noch nicht immer gelingt. Der Trainer ist nun einer, der selbst eislaufen kann. Er gibt die fachlichen Expertentipps: schneller anfahren, das Schwungbein höher, gerader auf den Kanten aufsetzen bei der Landung ... Hat der Sportler aber schon so viel Respekt vor diesem Sprung aufgebaut, dass er mit mehr oder weniger zitternden Knien anfährt, dann kann ein Mentalcoach helfen. Der Unterschied ist, dass er den Sport selbst gar nicht beherrschen muss. Er ist Experte für Prozesse, die bei einer gewünschten Änderung von Denkmustern unterstützen.

Und dann kommt der Wettkampf, der Sportler tritt an und Preisrichter beurteilen seine Leistung. Sie wissen nichts über den Weg, den der Athlet zurückgelegt hat. Im Unterricht ist ein Lehrer alles in einer Person. Er ist Trainer – Fachexperte -, er ist als Coach gefragt, wenn es Lernblockaden oder Versagensangst gibt, und er ist der Preisrichter. Wir müssen uns nur vorstellen, dass die Platzierung des Eisläufers beim Wettbewerb hauptsächlich von seinen Trainingsleistungen abhinge. Je öfter er stürzt, desto schlechter seine Marke. Es ist nicht schwer sich auszudenken, welchen Einfluss das auf sein Trainingsverhalten hätte. Er würde wahrscheinlich nach einem gelungenen Sprung möglichst schnell das Training beenden, um nicht durch einen neuen Fehler eine schlechtere Platzierung zu riskieren. Die Kinder und Jugendlichen leben in einer solchen Situation. Sie sollen lernen und üben, wissen aber, dass praktisch ständig bewertet wird – selbst wenn es nicht so ist, sie schreiben dieser Preisrichter-Rolle eben eine besondere Bedeutung zu. Wer hat noch nicht die scherzhafte Frage gehört „Bekomme ich jetzt ein Plus?", wenn jemand zum Beispiel den zu Boden gefallenen Block aufhebt? Auch wenn es im Spaß gesagt wird, es drückt die Präsenz dieses Gefühls aus.

Rollenklarheit trägt viel zur Transparenz der Lernsituation dabei. Ich frage mich als Lehrerin: Woran merke ich, welche Facette gerade gefragt ist? Welche aktiv ist? Und woran merken meine Schülerinnen, mit welchem Teil sie es gerade zu tun haben?

*** Reflexionsimpulse:**
Welche Funktionen habe ich gerade inne? Welche persönlichen Fähigkeiten und Überzeugungen bringe ich ein? Welche Erwartungen habe ich selbst an diese Funktion? Welche spüre ich von außen? Was davon möchte ich erfüllen? Wie gehe ich mit den anderen um? Was fällt gerade in die Indifferenzzone? Möchte ich daran etwas ändern?

5. DAS INNERE TEAM - EINE BRILLE FÜR DIE SELBSTWAHRNEHMUNG

Der Mensch wird in der Welt nur das gewahr,
was schon in ihm liegt, aber er braucht die Welt,
um Gewahr zu werden, was in ihm liegt.
(Hugo von Hofmannsthal)

Wir können das Modell von Person, Rolle und Funktion noch näher heranzoomen und eine weitere Differenzierung suchen: Die nach den Anteilen in der Person. Nicht alle bringen wir jeweils in die Funktion mit ein, nicht alle wären passend – und manche drängen sich dann trotzdem in den Vordergrund und können Probleme verursachen.

Ich bin viele – mit welchem inneren Team treten wir an?

Friedemann Schulz von Thun bringt in „Miteinander reden" (Band 3) das Bild vom „inneren Team" für die Persönlichkeitsanteile, die uns in den verschiedenen Lebenssituationen mehr oder weniger stark beeinflussen. Dabei handelt sich um jene „innere Pluralität", die wir alle kennen und erleben, und nicht etwa um eine Störung, die wir behandeln lassen müssten. Schulz von Thun spricht von einer „Hilfe zur Selbstklärung" - das ist die Verbindung zu einer höheren Rollenklarheit! Und: Es ist eine Metapher und nicht eine von Neurologen bestätigte Realität. Die Teamspieler sind jeweils Impulse und nicht Gefühle oder Verhaltensweisen - diese entstehen in der Reaktion auf die Impulse, je nachdem, wie wir mit ihnen umgehen.

Schulz von Thun erklärt die Grundstruktur eingangs am Beispiel einer Studentin, die um ihre Mitschrift gebeten wird von einem Kommilitonen, der sehr selten in der Lehrveranstaltung war. Vielleicht antwortet sie wie aus der Pistole geschossen positiv: „Na klar, kannst du haben!", und hinterher hört sie dann eine innere Gegenstimme: „Warum lasse ich mich immer ausnützen? Der soll doch selbst in die Vorlesung gehen. Ich war einfach wieder einmal zu weich."

Oder sie reagiert spontan ablehnend: „Nein, das sind persönliche Unterlagen, die gebe ich ungern aus der Hand. Das bringt auch nicht viel, wenn man das nicht selbst erarbeitet hat.“, und bekommt vielleicht am Abend einen moralischen Katzenjammer: „War das nicht ziemlich unfreundlich und unsolidarisch von mir? Ich komme mir vor wie eine Streberin ...“ In beiden Fällen wohnen „zwei Seelen, ach! in ihrer Brust!“, und in beiden Fällen werden sie nacheinander wirksam.

Die beiden Stimmen könnten jedoch auch gleichzeitig wirksam werden; in diesem Fall würde man wohl ein etwas inkongruentes Verhalten beobachten, mit der verbalen Botschaft des einen Standpunkts und der nonverbalen des anderen.

Schulz von Thun unterscheidet Frühmelder und Spätmelder (wie in dem Beispiel mit der Mitschrift), die Lauten und die Leisen, die willkommeneren und die unwillkommeneren Stimmen. Für die Darstellung nimmt er die Metapher wörtlich; er zeichnet den Oberkörper des so genannten Oberhaupts – das ist das Ich, welches das innere Team zusammenhält, Chef oder Chefin des Teams – und zeichnet die verschiedenen Teammitglieder in den Brustkorb. Jedes Mitglied bekommt einen Namen, der für seine Funktion steht, für seinen Aufgabenbereich.

Abb.5: Inneres Team nach Schulz von Thun

Er betont dabei, dass diese Namen positiv konnotiert sein müssen. Es geht ja darum, alle diese Anteile gut in sich zu integrieren. Benennen wir sie negativ, dann steigt die Chance, dass wir sie abspalten wollen. Was positiv ist entscheidet dabei jeweils das Oberhaupt. Hat jemand in seinem inneren Team einen „Faulpelz“, dann kann das für den einen etwas sein, was er an sich bekämpfen will, und für einen anderen ein liebenswerter und vernünftiger Gesundheitswächter. Generell gilt aber, dass jeder in diesem Team stets das Beste für sein Oberhaupt will! Das mag auf den ersten Blick nicht immer erkennbar sein. Manche Anteile scheinen uns immer wieder in schwierige Situationen zu bringen. Aber das liegt nicht in ihrer Absicht! Es hat damit zu tun, dass jeder Einzelne im Team nur seine eigene Aufgabe kennt und sich oft auch mit unangemessenem Engagement für diese Aufgabe einsetzt. Ähnlich wie die Seminarteilnehmer aus der Übung „Sesselspiel“ im Eingangskapitel, die durch ihren hundertprozentigen Einsatz für ihre Aufgabe blind werden für das Ganze ...

Außer dem Namen wird auch für jedes Teammitglied die Botschaft ermittelt – also der Aufgabenbereich, für den es sich zuständig fühlt. Da kann in einer Sprechblase oder auf einem Banner ein Satz stehen wie: „Ich sorge dafür, dass du ...“ oder „Ich bin dafür zuständig, dass du ...“ Diese Botschaft ist immer an das Oberhaupt gerichtet.

Um diese inneren Wortmelder in sich wahrnehmen zu können, stellt man sich eine konkrete Situation vor, für die man sich Klärung wünscht. Wollen Sie das Modell zuerst besser kennenzulernen, können Sie aber eine Alltagssituation wählen, in der Sie öfters einen inneren Konflikt erleben. Schulz von Thun bringt als Beispiel die Begegnung mit einem Bettler. Sie können die Übung gleich selbst machen, wenn Sie möchten! Legen Sie sich ein Zeichenblatt zurecht und ein paar Stifte, und dann lesen Sie weiter.

Sie können sich in die Situation hineinführen lassen, indem Sie die Fragen an sich selbst richten – daher das Du – und dann entspannt auf die Antwort warten, die aufsteigen wird, und die Situation wird immer lebendiger in Ihnen entstehen.

Du bist unterwegs und begegnest einer Person, die bettelt. Welche Tageszeit ist gerade? Woher kommst du, wohin gehst du? Gehst du allein oder bist du in Begleitung? Wie ist deine Stimmung? Wie fühlt sich dein Körper an? Wie viel Zeit hast du? Wie ist das Licht um dich? Was siehst du, wenn du dich umsiehst? Was hörst du? Sprichst du? Spricht jemand zu dir? Wie ist das Wetter? Und wenn es einen Geruch gäbe, der zu der Situation passt, welcher wäre es? Wer ist die Person, die bettelt – ist es eine Bettlerin, also eine Frau, oder ein Mann? Jung, alt? Wie ist die Körperposition der Person? Tut sie etwas? Wohin schaut sie?

Jetzt kennst du die Szene in den Details – versetze dich ganz hinein, spiel sie noch einmal zurück, du bist einige Meter entfernt und gehst wieder los, siehst die Person, die bettelt, und jetzt achte auf die Stimmen, die sich in dir melden. Gib ihnen Zeit. Und dann beginne die einzelnen Teammitglieder zu zeichnen, gib ihnen Namen und lasse sie ihre Botschaft sagen.“

Haben Sie‘s versucht? Manchmal ist es gar nicht so einfach, in unserem Alltagstrubel diese Wortmelder wahrzunehmen und auch noch ihre positive Absicht zu erkennen. Da sagt eine Stimme in mir: „Geh weiter, schau nicht hin!“ Eine zweite sagt: „Gib ihm doch etwas, dir geht es viel besser als ihm.“ Und eine dritte meint: „An sich könntest du ihm etwas geben, aber jetzt haben wir es sehr eilig.“ Ein vierter wirft noch ein: „Du müsstest wissen, wie die Person in diese Situation geraten ist. Erst dann kannst du entscheiden.“

Manche nennen die erste Stimme den „Feigling“. Sie schämen sich ein kleines bisschen für diesen Anteil. Würden wir aber diesen Mitarbeiter interviewen und ihm die Frage stellen: „Du sagst deinem Oberhaupt, es soll weitergehen und wegschauen. Du willst ja das Beste für dein Oberhaupt. Was ist das Gute daran, wenn deine Chefin wegschaut? Wofür bist du also zuständig?“ Dann würde uns dieses Teammitglied vielleicht erklären: „Meine Chefin soll nichts Schreckliches sehen, nichts, das sie aufregen kann. Ich arbeite in der Beschützerabteilung.“ Die zweite Stimme gehört vielleicht der „Teilenden“. Sie sorgt dafür, dass das Oberhaupt mit sich zufrieden sein kann, wenn sie den Anspruch hat zu teilen. Der dritte Mitarbeiter würde vielleicht antworten: „Ich sorge dafür, dass du gut mit der Zeit auskommst.“ Oft erhält er zuerst einen Namen wie „der Gestresste“, und nach diesem „Interview“ wird er „Hüter der Zeit“ genannt. Welchen haben Sie lieber in sich? Und der vierte sagt: „Ich sorge dafür, dass du Situationen kritisch prüfst, bevor du handelst.“ Skeptiker? Oder Analytiker?

Die einzelnen Teammitglieder sind also wie AbteilungsleiterInnen, die nur einen bestimmten Bereich übernommen haben und sich für diesen voll einsetzen, während das „ICH“ wie eine übergeordnete Führungskraft die oft widersprüchlichen Meldungen aufnimmt und im Sinne des „Gesamtkonzeptes der Firma“ in eine sinnvolle Handlung führt. Der Unterschied zwischen den TeamspielerInnen und dem „Oberhaupt“ liegt eben in diesem ausschließlichen Einsatz der Teammitglieder für den einen Wert – eines sorgt für Anerkennung, eines für Spaß, ein weiteres für finanzielle Sicherheit –, während die „Chefin“ den Blick auf das Ganze hat. Widersprüche zwischen diesen Werten können sich als innere Konflikte äußern. Das Oberhaupt empfindet diese Konflikte unter Umständen als störend und kämpft gegen manche Stimmen an; es kann schwierig sein, immer wieder Ordnung in dieses Team bringen zu müssen und aus den verschiedenen Impulsen eine klare Entscheidung zu treffen, für die man auch die Verantwortung übernimmt. Aber wie soll man außen Menschen führen können, wenn man schon sein inneres Team nicht führen kann? Und Lehrpersonen führen!

Sie können konkrete Situationen nach dem gleichen Muster betrachten wie die Bettlersituation.

Ein Beispiel: Heute ist Abgabetermin für eine Arbeit, für die Sie Ihrer Meinung nach auf jeden Fall genug Zeit gegeben haben. Alle in der Klasse haben sie auch fertig vor sich liegen – oder fast alle. Ein Schüler kommt zu Ihnen und erklärt Ihnen, dass er es nicht rechtzeitig geschafft hat. Welche Teammitglieder melden sich in Ihnen zu Wort? Mit welchen Vorschlägen? Wofür sind sie zuständig? Haben Sie auch „everybody‘s darling“ in sich, mit der Botschaft: „Ich sorge dafür, dass du möglichst beliebt bist?“ Er würde sagen: „Natürlich, Bastian, bring’s mir halt, wenn du fertig bist.“ Und daneben die „Professionelle“, mit der Aufgabe: „Ich sorge dafür, dass du deinen Erziehungsauftrag nicht vernachlässigst! Kinder müssen Termintreue lernen!“ Wie möchten Sie in solchen Situationen mit den Beiträgen der Mitarbeiter und Mitarbeiterinnen in Ihrem Inneren verfahren? Und welche Aspekte der Situation spielen dabei eine Rolle?

Oder eine andere Situation, die oft genug wiederkehrt: Notengebung. Die meisten von uns mögen diesen Teil unseres Berufs am wenigsten. Aber er gehört dazu, und die widersprüchlichen Wortmeldungen in unserem inneren Team machen uns die Arbeit nicht leichter. Welche sind Ihnen da bekannt?

Wir müssen uns diese inneren Konflikte nicht immer wieder neu geben. Wir können auch mit diesem virtuellen inneren Team so etwas wie Mitarbeitergespräche führen und Vereinbarungen treffen. Keiner soll ausgeschlossen werden, alle haben Stärken, auf die wir nicht verzichten wollen. Aber nicht alle bekommen in jeder Situation Sprecherlaubnis nach außen. Wir nehmen ihre Anliegen wahr, können aber trotzdem entscheiden, dass sie in bestimmten Situationen eben nur gehört werden, wir ihnen aber nicht folgen. Auch in schwierigen Elterngesprächen spüren wir doch Impulse, die aus der Sicht des Teammitglieds absolut legitim sind, die aber für die professionelle Rolle nicht hilfreich wären. Zur Selbstkompetenz gehört eben auch, dass unser Ich als Oberhaupt in größtmöglicher Übereinstimmung mit dem inneren Team und der äußeren Situation handelt. Dazu ist es hilfreich, sich die eigenen Teammitglieder bewusst zu machen, sie aus dem Dunkel mal auf die Bühne zu bitten und die Dynamiken anzuschauen.

* **Reflexionsimpulse:** Gibt es da zwischen zwei Teammitgliedern besonders oft Drama? Wer tritt häufig als Täter auf, wer als Opfer? Was ist das Anliegen, das sie vertreten, wo liegt die „positive Absicht“? Wie können beide diese Absicht auf bessere Art verfolgen? Und wie kann dieses Team auch intern selbst für die Erfüllung bestimmter Bedürfnisse sorgen wie Anerkennung, Feedback, Ermutigung...? (Wer seinen eigenen Laudator im Team hat ebenso wie seinen eigenen „critical friend“, der wird auch unbedürftiger gegenüber der schulterklopfenden Außenwelt!) Gibt es Teammitglieder, die sich in Schulsituationen manchmal störend einschalten? Was kann ich dar-

an verändern? Wie? Gibt es Lücken im Team?

6. DIE BEAM-BOTSCHAFT - EINE BRILLE FÜR GESPRÄCHSKULTUR

Man widerspricht oft einer Meinung, während uns eigentlich nur der Ton, mit dem sie vorgetragen wurde, unsympathisch ist. (Friedrich Wilhelm Nietzsche)

Die von Jesper Juul geforderte Beziehungskompetenz von Lehrpersonen beinhaltet immer auch eine Gesprächskompetenz. So wie wir bei Kinder und Jugendlichen höhere Anforderungen an uns selbst richten sollten, was die Fähigkeiten in komplexer Gesprächsführung betrifft – Schülerinnen und Schüler sollen es ja noch lernen dürfen –, so können wir diesen Anspruch auch auf Gespräche mit Eltern ausweiten. Nicht weil wir uns ihnen überlegen fühlen, sondern weil in der Gesprächskonstellation „Schule“ wir in der professionellen Rolle sind, während die Erwachsenen eben in ihrer Elternrolle andere Bedürfnisse haben können. (Es ist faszinierend, wie die Wahrnehmungen und Haltungen sich auch bei Lehrpersonen verändern, sobald sie in der Elternrolle mit den Lehrkräften ihrer Sprösslinge sprechen!) Interessanterweise gehört Gesprächsführung kaum zu den Ausbildungsinhalten für das Lehramt! Dabei gibt es durchaus hilfreiche Strukturen, die ein wenig Orientierung geben können, auch wenn ein Gespräch natürlich genauso wenig steuerbar ist wie alle sozialen Systeme. Aber einen Versuch ist es immer wert.

Gesprächsanlass „Überbringen schlechter Nachrichten“

In unserer subjektiven Wahrnehmung fühlt es sich manchmal so an, als wäre unser beruflicher Alltag durchsetzt von unangenehmen Gesprächen – unangenehm, weil wir unangenehme Nachrichten überbringen müssen. Als Klassenvorstand müssen wir eine Schülerin darüber informieren, dass es „schon wieder“ Klagen über sie gegeben hat; in der Sprechstunde müssen wir Eltern darüber informieren, dass ihr Kind eine „Frühwarnung“ hat (also nach aktuellem Stand nicht positiv abschließen könnte); dem von uns betreuten Jugendlehrer müssten wir mitteilen, dass seine Stundenvorbereitungen unseren Anforderungen nicht genügen (solange es noch Stundenvorbereitungen gibt). Die meisten mögen solche Gesprächssituationen nicht, und aus dem Wunsch heraus, dem zu entkommen, agieren wir manchmal hektischer und schroffer, als wir es eigentlich meinen. Gerade für diese Situationen gibt es eine sehr hilfreiche Struktur: B.E.A.M.

Erinnern wir uns an die Richtung der Drama-Umkehr und an die Positionen: *Macher* (im Bereich Wahrnehmung, Handeln, Daten und Fakten, Kognitives - das „ES", über das gesprochen wird), *Mentor* (für Bedürfnisse und Werte und für die systemische Wahrnehmung, das Einfühlen in die andere Position, das „DU") und *Muse* (für Emotionen und Ideen und für die eigene Position, das „ICH"). Diesem Pfad folgt dieses Gesprächsmodell B.E.A.M.

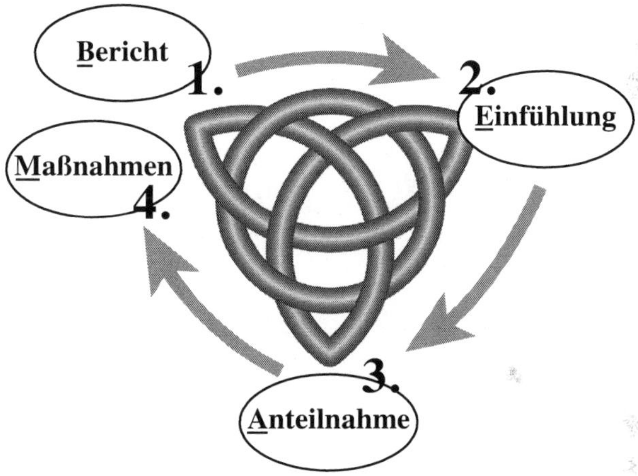

Abb.6: B.E.A.M.-Modell nach Roman Braun

Das B steht für „Bericht" inklusive Konsequenzen. Die Fakten, die zu dieser unangenehmen Nachricht geführt haben, werden auf den Tisch gelegt (daher beginnen wir im Macher-Bereich), die sich daraus ergebenden Konsequenzen kommen gleich dazu. Wer sich in einer solchen Gesprächssituation befindet und ahnt, dass es nicht sehr erfreulich sein wird, der mag keine langen Introduktionen. Daher kommen wir rasch zum Punkt. – Und ohne Pause (!) geht es weiter zum E, zur Einfühlung. Wir sprechen aus, was das bisher Gesagte unserer Vorstellung nach für unseren Gesprächspartner bedeutet. Dabei ist nicht so wesentlich, ob wir das auch erraten. Es geht darum, dass wir unsere Aufmerksamkeit darauf lenken und damit signalisieren: „Ich weiß, dass du ein fühlender Mensch bist und es ist mir nicht gleichgültig, wie es dir geht." Deshalb Mentor! – Dann folgt das „Ich", das A für Anteilnahme: Wir teilen mit, was diese Situation für uns bedeutet, und steuern auf das M zu für Maßnahmen! Damit sind jene Maßnahmen gemeint, die die Auswirkungen der Konsequenzen mildern und abfedern könnten, und damit geht der Blick von der Vergangenheit und der Gegenwart zur Zukunft: Was werden wir tun?

Alex (15) sitzt mit seiner Mutter in der Sprechstunde der Französischlehrerin. Diese muss ein sogenanntes „Frühwarngespräch" führen. Sie folgt der Struktur B.E.A.M. und wendet sich an beide: Bericht: „Ja, Sie wissen ja die Schularbeitsnoten, Frau Krajic, beide negativ, und Alex, du hast da einige Arbeiten nicht mitgemacht, die mündlichen Leistungen sind nicht so gut, dass sie das ausgleichen würden, und dadurch stehst du nach aktuellem Stand auf einem Nicht Genügend.

Einfühlung: Ich kann mir gut vorstellen, dass du langsam etwas demotiviert bist, wenn es keine Erfolgserlebnisse gibt, und ich glaube auch, dass Sie sich manchmal schon ratlos fühlen, Frau Krajic. Sie haben ja vielleicht auch immer weniger Einfluss auf ihn, er ist ja schon fast sechzehn.

Anteilnahme: Mir tut es auch leid, dass es momentan nicht so erfreulich aussieht, ich bin aber auch zuversichtlich, dass es Möglichkeiten gibt.

Maßnahmen: Daher möchte ich heute mit Ihnen beiden darüber reden, wer was dazu beitragen kann, dass du es schaffst, Alex. Ich für meinen Teil habe schon Ideen, ich habe zum Beispiel spezielle Übungen für dich herausgesucht und ich würde dir die auch extra korrigieren, aber vielleicht sagst du, was du dir vorstellen kannst, und Sie auch, Frau Krajic?"

Die Wirksamkeit dieser Struktur liegt zum Großteil darin, dass die Gesprächspartner sich weniger darauf konzentrieren zu signalisieren, dass auch sie ihre Betroffenheit und ihre Gefühle zu dieser unangenehmen Situation haben; es wird ihnen sozusagen gleich zu Beginn „geschenkt". Daher geht es dabei auch nicht so sehr darum, tatsächlich die Gefühle des Vis-a-vis zu erraten, sondern um den beobachtbaren Versuch, dies zu tun! Oft kommt dann eine Reaktion wie „Nein, ratlos bin ich gar nicht, ich bin manchmal ärgerlich." Das ist eine Präzisierung auf einer dialogischen Ebene und nicht ein verzweifeltes Ringen darum, mit der eigenen Befindlichkeit wahrgenommen zu werden. Durch die Anteilnahme kommt auch das Ich ins Spiel, und damit wurde ausgesprochen: „Wir – Sie und ich - haben ein gemeinsames Thema zu besprechen, und es geht um Fakten, um Gefühle und um Bedürfnisse. Das alles liegt nun am Tisch. Wenden wir uns also der Zukunft zu!"

Damit diese Wirkung sich entfalten kann, ist es ausnahmsweise wichtig sich nicht unterbrechen zu lassen. Die Wahrnehmung unseres Gegenübers muss zuerst von uns ausgesprochen werden, damit sie als jene Wertschätzung verstanden werden kann, die ja auch dahinter steht.

Ein solches Gespräch ist natürlich trotzdem nicht der beste Weg, um Alex optimal zu unterstützen. Es hat eher eine formale und rechtliche Bedeutung als eine pädagogische. Hilfreicher sind in der Kommunikation mit Alex wohl die Tools der Lösungsorientierten Gesprächsführung, wie sie aus dem systemischen Coaching bekannt sind und im Kapitel III. 4 „Coaching - Lieber systemisch als systematisch" beschrieben werden.

III. LEBEN IN SCHULKLASSEN – VON MENSCHEN, GRUPPEN UND LÖSUNGEN

Menschen brauchen Gruppen, das ist unbestritten. Aber Woche für Woche 30 Stunden und mehr in einer Gruppe leben, die man sich nicht ausgesucht hat? Bei einer Gruppengröße von 30 Personen? Über Jahre hinweg? Welcher Erwachsene wünscht sich das für sein Arbeitsleben? – Für die Kinder in den Schulen ist es der Alltag. Und wir unterstützen sie wenig dabei. Natürlich haben wir alle das erlebt und überstanden; aber viele tragen lange an den Spuren und meiden später Gruppen, ohne genau zu wissen warum.

Und die Lehrpersonen? Sie haben ebenfalls besonders viel mit Gruppen zu tun – sie selbst leben in einer unvergleichlich flachen Hierarchie mit wenig Differenzierungsmöglichkeiten durch Aufstieg, und sie arbeiten in den aktuellen Verhältnissen auch fast ausschließlich mit Gruppen, und zwar aufgabenbezogen – sie können sich also nicht auf die Gruppendynamik selbst konzentrieren. Umso unverständlicher ist es, dass das Lesen von Gruppenprozessen und das Reagieren auf diese Dynamiken keinen Platz in der Lehrerausbildung haben! Die Steuerung von Gruppen ist so wenig möglich wie bei allen komplexen lebenden Systemen, aber dennoch könnten Lehrer lernen, welches Gruppenverhalten sie mit welchen Impulsen beantworten wollen. Ein besonders hilfreiches Modell dafür ist das Rangdynamikmodell von Raoul Schindler. Durch diese Brille können wir besonders viele Möglichkeiten des Verstehens und des Handelns wahrnehmen!

1. WANN SPRECHEN WIR VON GRUPPEN?

Der Wiener Gruppendynamiker *Raoul Schindler*[66] unterscheidet bei einer Ansammlung von Menschen die Menge von der Gruppe und der Institution vor allem durch die unterschiedlich deutliche Innen/Außen-Grenze und durch den „Reifegrad" in der Struktur:

Die Menge

Die Menge erscheint als kontaktloses Nebeneinander, mit wenig Innen/Außen-Grenze, innen unstrukturiert. Ein Beispiel:

Menschen warten in einer U-Bahn-Haltestelle. Sie suchen nicht nach einer Rangordnung (eher nach einem günstigen Startplatz, um als erste bei einer sich öffnenden Tür zu sein), und es erfordert keine neuen Prozesse, wenn sich eine Person entfernt oder wenn neue Personen dazu kommen. Die Grenzen dieses Gebildes sind weder innen spürbar noch von außen sichtbar.

Die Gruppe

Die Gruppe hat eine deutlich spürbare und erkennbare Innen/Außen-Grenze, und sie ist innen strukturiert nach einer dynamischen Rangordnung. Ein Beispiel:

Ein paar Firmenmitarbeiter wollen ein Fest organisieren. Sie spüren genau, wer zu dieser Gruppe gehört – vor allem spüren es die, die um die weitere Zugehörigkeit bangen bzw. jene, die auch gerne dazugehören würden -, es gibt aber keine amtlichen Listen, keine rechtlichen Schritte, wenn jemand die Gruppe verlassen will. Wie die innere Rangordnung verhandelt wird, das steht im nächsten Unterkapitel!

Eine Institution

Eine Institution verfügt über festgeschriebene Innen/Außen-Grenzen und über erstarrte „Rangpositionen". Beispiel:

---

66 Univ.-Doz. Dr. Raoul Schindler, Mitbegründer des ÖAGG, Wegbereiter einer integrativen Psychotherapieausbildung in Österreich und der rehabilitativen und extramuralen Psychiatrie in Wien.

In einer Firma gibt es klare Aufzeichnungen darüber, wer dazu gehört (Lohnlisten, Mitarbeiterausweise), und Ein- und Austritt sind auch rechtlich geregelt. Die Rangpositionen sind in einer festen Hierarchie aufgeteilt (Abteilungsleiterin, Vorstand etc.).

Die Strukturen von Gruppe und Institution überlagern sich meist! Was ist denn nun eine Klasse? Eine Institution oder eine Gruppe? – Die Antwort ist: Ja. Nämlich beides – als Teil der Organisation ist es eine Institution mit festen Innen/Außen-Grenzen. Man wechselt nicht so ohne weiteres von einer Klasse in eine andere, es gibt eine klare administrative Festlegung. Und es ist gleichzeitig eine Gruppe, wenn sie sich dazu entwickelt hat. Das geschieht in einem zyklischen Prozess über verschiedene Stufen, die die Gruppe immer wieder durchläuft.

2. DIE LEBENSPHASEN EINER GRUPPE

Phase 1: Forming[67]

Im Forming formt sich aus der Menge die Gruppe (dafür braucht es ein gemeinsames Gegenüber, etwas, womit die Gruppe sich als Gruppe auseinandersetzen muss); die einzelnen Mitglieder suchen nach Gemeinsamkeiten, versuchen sichere Interaktionsmuster zu schaffen. Das Thema der Zugehörigkeit dominiert. „Wer bin ich hier?" „Wozu sind wir zusammen?" „Kann ich hier dazugehören und um welchen Preis?" – In dieser Phase ist die *Abhängigkeit (Dependenz)* der Gruppe von der Gruppenleitung besonders deutlich, im Schutz der „Autorität" können die ersten Beziehungen hergestellt werden. Die Gruppe will von außen geführt werden.

Kennen wir nicht das Schwärmen über die neue erste Klasse zu Schulbeginn? „Eine ganz liebe Klasse, mit denen kann man sehr gut arbeiten, sehr ruhig und diszipliniert!" - Sie sind im Forming! In dieser Phase sind sie froh über die Leitung von außen, weil sie damit beschäftigt sind, erste Freundschaften zu knüpfen. Wieviel Raum geben wir ihnen dafür? Inzwischen gibt es in vielen Schulen Kennenlerntage, aber es ist noch lange nicht Standard.

Phase 2: Storming

Ist das Forming ausreichend vorangeschritten, beginnt das Storming. Wenn sich ein Grundniveau an Ähnlichkeiten und Erwartungen gebildet hat, versuchen die Einzelnen durch „Machtspiele" ihre Eigenständigkeit wieder zu bekommen und sich Klarheit über die mögliche Hierarchie in der Gruppe zu verschaffen (offene Attacken, versteckte „Nicht-Unterstützung" usw.). Die Gruppe gibt sich eine innere Struktur. – Auf die Abhängigkeit des Forming folgt die Phase der *Gegenabhängigkeit*: Es gibt negative Reaktionen auf jede Art von Führung. Für die Weiterbewegung zur 3. Phase braucht die Gruppe Entscheidungsfindungsprozesse. – In dieser Phase des Storming ermöglicht das Modell der Rangdynamik wertvolle Einblicke!

---

67 Nach Bruce Tuckman.

Nach einigen Wochen, spätestens vor Weihnachten, hört man die ersten Klagen im Konferenzzimmer: „Wir brauchen einen Elternabend für die erste Klasse. Sie sind jetzt so unruhig, es gibt Streitereien, dabei waren sie doch am Anfang so brav." – Sie stormen! Und das ist ein gutes Zeichen, denn dann haben sie das Forming geschafft. Jetzt kämpfen sie um ihre Struktur. Und da macht niemand etwas falsch, es wird kein Psychologe gebraucht! Wir Lehrpersonen können allerdings ein Auge darauf haben, dass dieses Struktur dynamisch bleibt und sich nicht frühzeitig zu einer institutionellen Rangordnung verfestigt, indem wir Situationen schaffen, die Dynamik erzeugen.

Phase 3: Norming

In der folgenden Phase des Norming werden Rollen verteilt und Abläufe werden verhandelt, die Gruppe wird zu einem einheitlichen Ganzen und schafft sich eine Kultur. Kooperation ist möglich, weil funktionelle Beziehungen gelingen. Die Mitglieder gewinnen durch die Erreichung von Teilzielen neue Einsichten darüber, was die Zielerreichung begünstigt oder behindert. – Die Verteilung von Verantwortung ermöglicht interdependentes Agieren *unabhängig* von Machtpositionen.

Das Norming in der Klasse ist ein unbewusster Prozess! Es geschieht nicht dadurch, dass wir Plakate aufhängen mit den bekannten Regeln: Wir hören einander zu, wir lassen einander ausreden, wir sind freundlich und hilfsbereit ... Diese Plakate schaden nicht, wir wissen aber auch aus unserer Erfahrung, dass sie nichts nützen. Die Kultur einer Klasse entsteht durch das Beobachten von Verhalten einerseits und der Reaktion der Gruppe andererseits - welches Verhalten wird hier belohnt und welches wird bestraft? Daraus zieht jedes Gruppenmitglied seine Schlüsse und verhält sich dementsprechend. In dieser Phase kann die Lehrperson einiges bewirken, indem sie Möglichkeiten vorlebt. Wie sie zum Beispiel auf Nachfragen reagiert ist ein Angebot für den Umgang mit Nachzüglern, und wie sie auf Angriffe reagiert kann Möglichkeiten dafür aufzeigen, was als respektvoll gilt.

Phase 4: Performing

Im Performing werden Gruppenaufgaben gelöst durch sinnvolles Einbringen der verschiedenen, in der Gruppe vorhandenen Talente. Es entstehen stärkere interpersonelle Beziehungen zwischen den Mitgliedern. *Zusammenhängendes* Agieren wird erlebt und stärkt das Vertrauen in die Gruppe. Mit diesem Abschnitt beginnt die Wahrnehmung der Gruppe als etwas Einzigartiges, Unverwechselbares. Die Gruppe hat ihre eigene Identität entwickelt, sie erbringt die von ihr selbst definierte Leistung.

Die Phase des Performing stößt auf besonders schwere Lebensbedingungen im System Schule. Wie oft können die Kinder einer Klasse gemeinsam eine Herausforderung bewältigen? An sich sind unsere Schulen so konzipiert, dass die Mitglieder einer Gruppe zwar das gleiche Ziel haben mögen, aber nicht ein gemeinsames! Die nächste Schularbeit, die Matura muss jeder für sich alleine bewältigen. Das muss im aktuellen System auch so sein, denn sonst würden ja die einzelnen Schülerinnen und Schüler (noch mehr) voneinander abhängen in ihren Erfolgschancen. Das bedeutet aber, dass die Kinder und Jugendlichen in einer unglaublichen Intensität dem Gruppenleben ausgesetzt sind, ohne aber die gemeinsame Freude des Performing als Belohnung in diesem zyklischen Ablauf der Phasen erleben zu können. Das muss nicht so sein. Mit etwas Fantasie und Kreativität können auch inhaltliche Lernziele als Herausforderung für die Gruppe gestaltet werden. Die aktuellen Gruppenarbeiten bedeuten ja oft nur ein gleichzeitiges Arbeiten an einer Aufgabe, ohne die Zusammenhängigkeit erleben zu können.

Phase 5: Transforming

Sobald der Zweck der Gruppe erreicht ist oder wenn die zur Verfügung stehende Zeit abgelaufen ist, beginnt die Phase des Transforming (adjourning), auch als re-forming bezeichnet. Es geht um Transformation durch Neudefinition des Gruppenzwecks oder der Gruppenstruktur oder durch Auflösung. Für Schulklassen bedeutet das die Suche nach einer neuen Herausforderung, da sie sich ja nicht auflösen kann.

3. DIE RANGDYNAMIK

In der Storming-Phase werden die unterschiedlichen Positionen besetzt, die zur Leistungsfähigkeit einer Gruppe beitragen. Dieser Prozess beinhaltet mehr oder weniger offene Konflikte, mit denen auch das gemeinsame Ziel aus dem „Zielpool" (den individuellen Zielen) verhandelt wird. Raoul Schindler beschreibt die Dynamiken zwischen diesen Positionen. Es handelt sich dabei NICHT um die berühmten „Alphatierchen", sondern um Positionen, die in leistungsstarken Gruppen durchaus wechselnd (eben „dynamisch") besetzt sind!

Die vier rangdynamischen Rollen

In jeder Gruppe kann man vier Positionen unterscheiden, die Einfluss haben auf das Wohlbefinden der einzelnen Teilnehmer und auf den Erfolg der Gruppe. Zwischen diesen Positionen entstehen Spannungen, Affekte, die den inneren Zusammenhalt der Gruppe unterstützen (dieser Gefühlsaustausch gehört ganz wesentlich zu dem, was wir in Gruppen suchen). Die Positionen sind vor allem auf das „Gegenüber" bezogen – den äußeren „Gegner" der Gruppe, den es zu überwinden gilt. Das kann ein abstraktes Vorhaben sein, und im alltäglichen Sprachgebrauch sprechen wir auch eher von Ziel. Dieser Begriff fokussiert die lohnenden Aspekte des Vorhabens, den möglichen Gewinn. Der Ausdruck „Gegner" bezeichnet die „beschwerlichen", zu überwindenden Aspekte der Zielidee, die auch unbewusst gespürt werden oder bewusst gesehen. Diese Ambivalenz erzeugt einen guten Teil der typischen Dynamik und war für Raoul Schindler ganz wesentlich.

Beispiel: Mitarbeiterinnen und Mitarbeiter einer Firma befinden sich im Rahmen eines „Betriebsausflugs" auf einer Berghütte. Die Idee einer Nachtwanderung kommt auf mit dem Ziel, den Sonnenaufgang auf dem Gipfel zu erleben. Frau Messner ist davon sofort begeistert, sie malt sich aus, wie eindrucksvoll der Morgen werden wird und reißt auch andere mit. Sie ist am stärksten mit diesem Vorhaben identifiziert, sie hat die für die anderen attraktivste Lösung anzubieten und trägt das Vorhaben mit ihrer Identität – sie besetzt die Alpha-Position. Es kommen noch andere Vorschläge – ein

Tennisturnier, ein gemütlicher Tag im Schwimmbad – und auch sie finden Anhänger. Manche Kolleginnen begeistern sich ebenfalls für die Nachtwanderung: „Ja, das ist eine einmalige Gelegenheit hier, und wir können den Sonnenaufgang filmen. Am Nachmittag können wir immer noch ins Schwimmbad gehen. Wir bereiten den Proviant vor!" Alle, die „mit-gehen", nehmen die Gamma-Position ein. Es gibt aber auch die Stimme von Herrn Flachland, er ist nicht begeistert: „Wir haben ja gar keine richtigen Bergschuhe dabei. Und wenn ein Gewitter kommt? Wir wollten uns doch ausruhen, jetzt sollen wir uns wieder anstrengen?" Das schwächste Mitglied der Gruppe (Nachzügler) bzw. das am wenigsten mit der Idee identifizierte (Distanzierte) hält als „Omega" das Gegenüber in der Gruppe präsent – den „Aufstieg", den Berg, die Gefahren, die Anstrengung. Omega ist „das letzte in Bewegungsrichtung der Gruppe mitgehende Mitglied". Zusätzlich kann sich Alpha beispielsweise in der Person eines Bergführers die Unterstützung durch einen Experten oder eine Expertin auf der Position von Beta sichern.

So stellt Schindler die soziodynamische Grundformel dar:

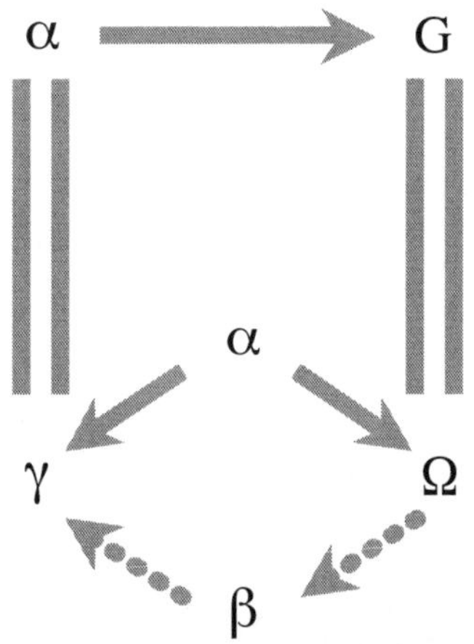

Abb.7: Rangdynamisches Modell nach Raoul Schindler

ALPHA α

α bekommt seine Position durch die attraktivste Konfrontation mit einem äußeren „Gegner“. **α** führt die Gruppe, repräsentiert sie nach außen und ist am stärksten mit dem Ziel identifiziert. Die Gruppenmitglieder identifizieren sich mit der Person auf dieser Position („Die Gruppe liebt sich narzisstisch in dem in Alpha-Position befindlichen Individuum.“[68]). Alpha argumentiert nicht, sondern agiert. Er hat nur eine wirkliche Verpflichtung - er muss mit der Gruppe schicksalsanteilig verbunden sein, sonst entstehen Angst und Unsicherheit. Alpha kann sich nicht einfach selbst zum Alpha machen, die Gammas machen jemanden dadurch zum Alpha, dass sie sich ihm anschließen!

BETA β

β hat Kompetenz auf einem relevanten Teilgebiet und besitzt dadurch eine gewisse Autorität (diese Person hätte eventuell auch Alpha werden können). Er ist unabhängiger als Alpha und nur indirekt mit der Gruppe verbunden – nämlich über Alpha. Dadurch wird er auch relativ leicht in den Sturz des Alpha mit hineingerissen. Alpha muss **β** anerkennen. Beta muss aber – im Gegensatz zum Alpha – etwas leisten und vorweisen können, in unserem Beispiel die Routen kennen, das Wetter besser einschätzen, das Können der Gruppe berücksichtigen!

GAMMA γ

γ gehört zum Gros der Gruppe und taucht ganz in deren Kollektivität ein. Die Gammas identifizieren sich mit Alpha, sie tragen die Leistung der Gruppe, sind aber nicht mit der Willensbildung belastet. Sie „tun die Arbeit“, sie kümmern sich zum Beispiel bei der Bergwanderung um Proviant und tragen die Rucksäcke. „... die in Gamma-Position befindlichen Gruppenmitglieder (verhalten sich) ihrerseits zum Rang-Letzten der Gruppe, Omega, so, wie die Gruppe in ihren Fantasien träumt, dass Alpha sich zum Gegner der Gruppe verhalten werde.“[69] Gehen die Gammas zögerlich auf jeden Omega-Einwand ein?

---

68 Raoul Schindler, Gruppenpsychotherapie und Gruppendynamik Bd.3, Heft 1 (Okt.1969), S. 32.

69 Ders., ibid.

Reagieren sie barsch und aggressiv? Verhandeln sie?

OMEGA Ω

Ω identifiziert sich mit dem äußeren „Gegner" und repräsentiert ihn in der Gruppe. Er wendet sich manchmal gegen Alpha, von dem er sich angegriffen fühlt. Er entlastet die Gammas, indem er die „Repräsentation der Dissonanzen" übernimmt (er trägt einen Teil der Ambivalenz der Gammas); auch die anderen Gruppenmitglieder spüren das Beschwerliche an ihrem Vorhaben, sie ahnen Müdigkeit und schmerzende Fußblasen, und diese Gefühle stehen im Widerstreit mit der Vorfreude auf schöne Eindrucke und auf die Befriedigung nach der Überwindung. Sobald Omega diese Anteile äußert, wissen die anderen sie gut aufgehoben und können sich freier durch die ermutigenden Gefühle begeistern lassen. Omega leistet daher sehr viel für die Gruppe, es packt sozusagen die Widerstände in seinen Rucksack und trägt sie ein Stück weit für die anderen!

Wenn Gruppen keine Omegas zulassen, indem sie so mit ihnen umgehen, dass niemand mehr diese Position einnehmen mag, dann fehlt die Repräsentanz des Gegenübers. Solche Gruppen nennt Schindler „Lemminge"! Wir kennen sie aus manchen Lehrkörpern: Projekte werden euphorisch gestartet, jeder Widerspruch erstickt, das Projekt versandet – und ein neues wird gestartet.

Die Lehrperson und die Alpha-Rolle

Die klare Unterscheidung zwischen Institution und Gruppe ist auch deshalb so wichtig, weil wir sonst leicht hierarchische Führungsposition und Alpha-Position verwechseln. Als Lehrerin habe ich in einer Unterrichtssituation in der Klasse eine asymmetrische Beziehung zu den Jugendlichen. Die Macht ist ungleich verteilt. Trotzdem ist nicht automatisch dort die Alpha-Position, wo sich die Lehrperson befindet!

Eine Lehrerin fragt in einer Fortbildung: „Aber was mache ich, wenn die Omegas in einer Klasse so viel Einfluss haben, dass ich es mit 27 Omegas zu tun habe?" Da liegt ein krasses Missverständnis vor! In ihrer Klasse scheint es ein Alpha unter den Schülern oder Schüler-

innen zugeben, dem 26 Gammas folgen, und die Lehrerin ist das Omega. Die Bewegungsrichtung der Gruppe ist offenbar eine, der die Lehrerin Widerstand entgegensetzt. Merke: Alpha ist nicht automatisch dort, wo ich bin!

Wenn wir am Beginn einer Unterrichtsstunde in die Klasse kommen, starten wir auf der Position des Gegenübers. Die Klasse ist als Gruppe schon zusammen, die Lehrperson ist zumindest kurzfristig das, womit sich die Gruppe jetzt befassen muss. Leider gibt es auch Unterrichtsstunden, in denen sich die Schülerinnen und Schüler vor allem mit dem Lehrer beschäftigen. An sich sind sie aber nicht dafür in der Schule. Es sollte uns also gelingen, ihnen ein attraktives anderes Gegenüber anzubieten, das sie dann zu bewältigen haben!

Hat die Lehrperson in den Augen der Gammas die attraktivsten Strategien anzubieten für die Bewältigung des Gegenüber – zum Beispiel die Gestaltung dieser Stunde – dann leistet sie die motivationale Willensarbeit, und die Gammas brauchen nur zu folgen. Heißt das Gegenüber beispielsweise „Französisch lernen", so ist es sicher günstig, wenn über einen längeren Zeitraum betrachtet die Lehrperson auch die Alpha-Position einnimmt. Sie sollte über die besten Strategien für dieses Vorhaben verfügen. Aber nicht in allen Teil-Situationen muss die Lehrerin Alpha sein. Gerade bei Projekten können wir erleben, dass bestimmte Schüler und Schülerinnen am meisten mit dem Vorhaben identifiziert sind und für eine bestimmte Phase die Alpha-Rolle übernehmen. Arbeiten wir dann einfach mit, dann sind wir Gamma. Stellen wir unser Know-how zur Verfügung, dann sind wir Beta. Und wenn wir der Bewegungsrichtung der Gruppe unseren Widerstand entgegensetzen, dann sind wir Omega.

Eine Oberstufenklasse möchte als Projekt eine Benefizveranstaltung in größerem Rahmen durchführen. Ein Schüler und eine Schülerin hatten die Idee und konnten ihre Gruppe dafür begeistern. Ihr Anspruch ist hoch – sie mieten dafür Räumlichkeiten in einem modernen Museum und engagieren namhafte Künstler. Die Lehrerin befürchtet finanzielle Schwierigkeiten und äußert ihre Zweifel: Sie nimmt eine Omega-Position ein. Die Klasse bleibt zuversichtlich und motiviert! Für das Buffet sind Einkäufe notwendig. Als Führer-

scheinbesitzerin übernimmt die Lehrerin den Transport und hilft dann beim Vorbereiten der Brötchen. Sie nimmt eine Beta-Position ein und ist dann Gamma. Auf der Alpha-Position findet sie sich nur kurz wieder, als 2 Stunden vor der Eröffnung der Veranstaltung doch so etwas wie Panik ausbricht. Damit war sie auf allen Positionen, und alle waren sinnvoll!

Auch außerhalb des Unterrichts finden wir uns auf allen möglichen Positionen wieder. Es kommt immer auf das Gegenüber an! Herr Kohlberg ist oft auf der Alphaposition zu finden, wenn es um Sportveranstaltungen in der Schulgemeinschaft geht, das ist ihm ein großes Anliegen. Beim Grillfest zu Schulschluss ist er Gamma und leistet einfach seinen Beitrag, geht es um die Einführung der Neuen Reifeprüfung spürt er alles Beschwerliche und Verwirrende auf der Omega-Position, und wenn es EDV-Probleme gibt, dann findet er sich rasch auf der Beta-Position wieder.

Allerdings bestimmen wir nicht selbst unsere jeweilige Position in dieser Struktur. Wir können Handlungen setzen, die die Wahrscheinlichkeit erhöhen, dass wir auf die Alpha-Position kommen. Die Gruppe entscheidet, und das bedeutet: die Gammas entscheiden. Merke: Alpha wird man „von Gammas Gnaden".

Es gibt jedoch Voraussetzungen, durch die sich die Chancen einer „Alphabewerbung" erhöhen. Eine davon ist die Fähigkeit, flexibel zwischen verschiedenen Alpha-Stilen zu wechseln, weil dadurch auch die Bedürfnisse unterschiedlicher Gruppen und unterschiedlicher Phasen besser abgedeckt werden können.

Die drei Alpha-Stile

Das narzisstische Alpha

Das narzisstische Alpha geht begeistert seinen Weg, kann ihn auch in den schönsten Farben präsentieren und damit die Gruppe dazu verführen, auf die oft mühsame Einigung auf eine gemeinsame „Marschrichtung" zu verzichten. Die Gammas spiegeln die Persönlichkeitsanteile von Alpha wieder und gefallen sich in der charismatischen Zuversicht, die dieses Alpha charakterisiert. Und Achtung:

Narzissmus ist dann eine Störung, wenn die „Dosis“ nicht stimmt! Ein Schuss Narzissmus bei Menschen, die Gruppen begeistern sollen, macht das Zuhören leichter.

Das empathische Alpha

Das empathische (gruppenorientierte) Alpha hat ein besonderes Feeling für die Gruppe. Es spürt die Bedürfnisse und Erwartungen und kann darauf reagieren, bevor noch von der Omega-Position aus darauf hingewiesen wird. Aus dem empathischen Alpha heraus erkundigt sich beispielsweise der Direktor beim Lehrer nach der Gesundheit der Kinder, weil er sich erinnert, dass der vor zwei Tagen einen Pflegetag gebraucht hatte. Die Gammas können sich wahrgenommen und geborgen fühlen.

Das heroische Alpha

In Situationen mit besonderen Herausforderungen – wenn bei einer Wanderung zum Beispiel schwarze Gewitterwolken aufziehen und die Gruppe die Gefahr aber nicht ernst zu nehmen scheint – ist das heroische Alpha gefragt. Es wendet sich scheinbar gegen seine Gammas („Alle bleiben jetzt zusammen, es wird nicht mehr herumgealbert, und macht mal etwas Tempo! Ob die Schuhe drücken ist jetzt egal!“) und vermittelt ihnen damit die Stärke der Gruppe. Die Gammas können sich sicher fühlen. Das heroische Alpha „bringt die Gruppe durch“, auch wenn einzelne Mitglieder sich das gerade nicht zutrauen.

Who is who?

Wir alle kennen Lehrpersonen, die in einem dieser Stile besonders zuhause sind, weil er auch ihrer Persönlichkeitsstruktur entgegenkommen mag. Und wir kennen auch solche, die einen Stil ganz ausblenden. In den Äußerungen der Schülerinnen und Schüler wird das oft deutlich. Ein Lehrer zeigt das narzisstische und das empathische Alpha, blendet aber das heroische aus? „Der ist lustig und nett und auch fair, aber er kann sich nicht durchsetzen.“ Narzisstisches und heroisches Alpha ohne empathisches? „Der ist launisch, manchmal gut aufgelegt und manchmal sehr streng (aber ob er uns mag?).“ Und empathisches und heroisches Alpha ohne den narzisstischen Stil: „Der ist gerecht und bei dem ist es auch ruhig ...“ – (Aber Spaß macht es nicht.)

Es mag manchmal so wirken, als würde ein Stil nicht zu einer bestimmten Persönlichkeitsstruktur passen. In einem systemischen Denkansatz gehen wir aber davon aus, dass jeder Mensch alle Ressourcen zur Verfügung hat und sie nur nicht immer abrufen kann. Gerade bei den Alpha-Stilen stehen oft Überzeugungen im Weg. Jemand hat vielleicht unter einem besonders autoritären Lehrer gelitten, und um nun anders zu sein, wählt er gleich das andere Extrem. Auch bei der Unterdrückung des narzisstischen Alphas geht es in vielen Fällen nur um die innere Erlaubnis. Wir haben alle für jeden Stil jemanden in unserem inneren Team. Die Frage ist eher, warum er nicht mitspielen darf.

Die Gruppe zeigt übrigens an, mit welchem Alpha sie rechnet (wenn man sie lesen kann). Erinnern wir uns an den Satz: „... die in Gamma-Position befindlichen Gruppenmitglieder (verhalten sich) ihrerseits zum Rang-Letzten der Gruppe, Omega, so, wie die Gruppe in ihren Fantasien träumt, dass Alpha sich zum Gegner der Gruppe verhalten werde.“ Wir müssen nur beobachten! Kümmern sich die Gammas pfleglich um die Nachzügler, dann erwarten sie sich ein empathisches Alpha. Bekommt Omega eine Reaktion von der Sorte „Only the strong survive!“, dann fantasiert die Gruppe das heroische Alpha. Natürlich müssen wir diese Erwartungen nicht erfüllen. Wir sind aber auf jeden Fall anschlussfähiger, wenn wir zumindest so beginnen!

Und noch einen wertvollen Hinweis liefert uns die Beobachtung der Gruppendynamik: Wo bin ich gerade? - Es handelt sich bei diesen Positionen um emotionale Positionen. Raoul Schindler hat das immer wieder betont. Das Modell beschreibt, wie sich Gruppenmitglieder auf den jeweiligen Positionen *fühlen*. Darüber gibt es oft Missverständnisse. Omega wird beispielsweise mit dem „critical friend“ verwechselt, der mit sachlicher Kritik auf Stolpersteine verweist. Das ist aber eine Aktion von Beta! Omega als Distanzierter fühlt den Druck und die Sorge, vielleicht auch die Angst – nicht den „sachlichen Einwand“! Zu den Gefühlen auf den unterschiedlichen Positionen gehört auch die emotionale Reaktion auf Nachfragen (zum Beispiel „Ist es noch weit?“). Auf der Gamma-Position erleben wir Nachfragen von Alpha als berechtigt, das unserer Gamma-Kollegen als mühsam, das des Gegenüber als bedrohlich, das von Beta als sachlich und das von Omega als lästig. Das bedeutet: Empfinde ich die Omega-Äußerungen als lästig, dann weiß ich zumindest, dass ich gerade nicht Alpha bin ...

Hofnarr, Prügelknabe und Sündenbock - die Omega-Rollen

Auch auf der Omega-Position gibt es drei Ausprägungen abhängig davon, welche Alpha-Qualität am meisten fehlt:

- der Hofnarr,
- der Prügelknabe und
- der Sündenbock

Der Hofnarr

Der Hofnarr hatte einst am Hof großes Prestige, er durfte mit dem König speisen und manchmal auch dem König Dinge sagen, die andere nicht sagen durften. Als Preis dafür musste er den Hof amüsieren. Wir kennen ihn als „Klassenkasperl“. Im Unterschied zum narzisstischen Alpha versucht er durch sein „Kasperln“ nur den Leidensdruck der Omega-Position zu mildern. Für ihn fühlt es sich so an, als hätte er in der Gruppe keine andere Chance. Daher hilft es nicht wirklich, wenn wir ihm ins Gewissen reden. Mit der Gruppe zu arbeiten kann mehr bewegen.

Der Prügelknabe

Die zweite Erscheinungsform von Omega ist der „Prügelknabe“. In feudaler Zeit war das ein Junge von niederem Rang, der gemeinsam mit den adeligen Kindern erzogen wurde und dadurch die Möglichkeit zu Bildung hatte. Der Preis war hoch; er wurde anstelle des adeligen Kindes bestraft, wenn der Strafende einen zu niederen Rang hatte. Dadurch, dass die beiden Kinder oft eine starke emotionale Bindung hatten, wirkte die Strafe durchaus auch auf den Adelsspross. - In der Klasse sind das jene Kinder, an denen sich die anderen nach Negativerlebnissen abreagieren, auch wenn es keinerlei inhaltlichen Bezug gibt. Max hat beim Tischtennismatch in der Pause gegen

Fabian verloren, deshalb bekommt Dominik eine Abreibung.

Der Sündenbock
Die dritte Omega-Form ist der „Sündenbock". In der Alltagssprache wird er oft gleichgesetzt mit dem Prügelknaben. Der Unterschied ist, dass der Sündenbock auch „in die Wüste gejagt" wird. Gruppen können sich der Illusion hingeben, sie wären leistungsfähiger, wenn sie ihr Omega ausschließen. Natürlich funktioniert das in der Regel nicht. Wie viele Schüler wurden schon aus Klassen „entfernt", und nach einer kurzen Entlastungsphase hat sich bald ein anderes Kind für diese Position gefunden? Die Dynamik hat ja mehr mit der mangelnden Reife der Gruppe und mit Alpha zu tun und nicht mit der einzelnen Person!

Die Omega-Intensität

Diese oben beschriebenen Omega-Rollen finden wir nicht in allen Gruppen, weil sie die extremsten Ausprägungen der Omega-Rollen darstellen. Ist die Gruppe sozial reifer und Alpha in allen Aspekten (heroisch, empathisch, narzisstisch) präsenter, dann gibt es bloß erste Ansätze dafür, und Alpha/Gruppe hat die Chance, diese als Feedback in ihrem Entwicklungsprozess zu verwenden.

Die Omega-Intensitäten sind:
- Nachzügler
- Distanzierter
- Anarcho (heißt bei Raoul Schindler „Rebell")

Hier ein Überblick für das Zusammenspiel von Omega-Rolle und Omega-Intensität:

Zusammenhang zwischen ausgeblendeter Alpha-Qualität und Omega-Qualität und -Intensität		AUSGEBLENDETE ALPHA-QUALITÄT		
		HEROISCH	EMPATHISCH	NARZISSTISCH
OMEGA-INTENSITÄT	NACHZÜGLER	macht nicht mit, bzw. sein eigenes Ding	Gruppe lässt ihn nicht mitmachen	sucht nach nebensächlich Witzigem im Vortrag
	DISTANZIERTER	Ausschluss wird angedroht	Gruppe droht ihm	lacht über eigene Witze
	ANARCHO	**Sündenbock**	**Prügelknabe**	**Hofnarr**

Der Nachzügler

Der Nachzügler ist der momentan letzte in der Bewegungsrichtung der Gruppe mitgehende. Das kann bei einer Wanderung wechseln, wie wir aus unserer Erfahrung wissen. Es kann auch in einer Lernsituationen wechseln: Jetzt hat gerade der eine etwas nicht mitbekommen, dann muss ein anderer wieder nachfragen. Grundsätzlich will der Nachzügler aber mitgehen, er ist nur langsamer.

Der Distanzierte

Kümmert sich die Gruppe nicht um einen Nachzügler, kann er zum Distanzierten werden. Der Distanzierte hat von allen drei Omega-Rollen die stärkste Außen-Loyalität. Er hat Probleme damit mitzumachen, findet es aber ohnehin besser, nicht mitzumachen. Er vertritt gegenteilige Werte zu Alpha.

Der Anarcho

Der Anarcho schließlich wendet sich tatsächlich gegen Alpha und möchte Alpha stürzen. Mit dem Nachzügler haben viele Lehrpersonen nur ein didaktisches Problem; vom Distanzierten allerdings fühlen sich schon viele angegriffen, als wäre es ein Anarcho. Es hilft schon genauer zu hinzusehen, wenn in einer Klasse der Aufstand geprobt wird. Präsentiert sich einer als Anführer der Gruppe, so kann er Alpha sein oder Anarcho. Zu erkennen ist das nur an der Reaktion der Gammas. Ist er das Alpha, dann verfolgen die Gammas die Auseinandersetzung mit eher wachsam-amüsiertem Blick oder auch mit herausforderndem Lächeln, so wie sie einem Schlagabtausch zusehen würden. Ist er Anarcho und damit Omega, dann können wir eher gespannte und befangene Blicke beobachten, die zu Boden gerichtet sind oder sonst in irgendeiner Weise ausweichen. Der Anarcho macht der Gruppe Angst, und die Gammas wünschen sich, dass Alpha ihn besiegt.

Drama-Umkehr in der Rang-Dynamik

Für den Umgang von Alpha mit Omega gilt eine einfache Grundregel: nur mit dem Anarcho setzt sich Alpha direkt auseinander! Das Nachzügler-Omega ist Sache der Gammas; die wissen das auch, selbst wenn sie nichts über Gruppendynamik gelernt haben. Kommt in einer Klasse ein Kind beim Mitschreiben nicht mit, dann erkundigt es sich meist bei einem Sitznachbarn, und normalerweise hilft ihm dieser dann weiter – es sei denn, die beiden Kinder haben schon gut gelernt, dass sie im Unterricht nicht miteinander kommunizieren sollen. Wenn bei einem Ausflug ein Kind eine Blase am Fuß hat und daher zurückbleibt, dann kümmern sich sofort ein oder zwei darum, sofern wir es ihnen nicht abgewöhnt haben.

Das distanzierte Omega wird von Beta übernommen. Das muss nicht ein externes Beta sein, manchmal ist es einfach ein Gamma mit Sonderaufgaben. Ein Mitglied der Gruppe ist in der Position des critical friend und übersetzt beispielsweise die Sorge von Omega in einen sachlichen Hinweis auf einen Stolperstein, oder es übernimmt die Argumentation für Alpha.

Der Anarcho allerdings macht der Gruppe Angst. Die Gammas sind ja nicht umsonst gerade diesem Alpha gefolgt und wollen nicht Zuschauer eines Kampfes werden. Daher wünschen sie sich ein starkes, heroisches Alpha, das den Anarcho in die Schranken weist.

Wieviel Gruppe braucht eine Klasse, um sich beim Lernen wohl fühlen zu können? Es scheint, als könnten sich die Gruppen das selbst regeln, wenn sie in einer guten Dynamik bleiben und die Erwachsenen sich nicht allzu sehr einmischen. Es wogt und schwappt hin und her zwischen intensiven Gruppenphasen und der zwischenzeitlichen Individualisierung. Die Lehrpersonen und die Eltern sprechen oft so, als müsste die Klasse eine möglichst kompakte und stabile Gruppe bilden, und das auch noch im Maturaalter. Diese Geschlossenheit würde vielleicht oberflächlich betrachtet die Arbeit erleichtern, weil wir uns der Illusion hingeben können, es nur mit einem Organismus zu tun zu haben. Auf der anderen Seite ermöglicht gerade eine solche enge Gruppenkultur eher den Ausschluss von Einzelnen bis hin zum Mobbing! Eine losere Struktur macht es schwieriger, dass alle sich zu einem Außenseiter gleich verhalten. Die Differenzierung einer größeren Gruppe in kleinere Untergruppen ist erstens der in frei gebildeten Gruppen „normale" Prozess und lässt zweitens mehr Platz für Individuelles.

* **Reflexionsimpulse:** Auf welchen Positionen bin ich in welchen Gruppen am häufigsten? Welche der Alphaqualitäten ist mir am vertrautesten? Welche blende ich am häufigsten aus? Wie gehe ich mit den verschiedenen Omegas um? Wo sehe ich Änderungsmöglichkeiten? Wie dynamisch sehe ich die Rangordnung in meinen Klassen? Was trage ich zur Dynamisierung bei?

4. LIEBER SYSTEMISCH ALS SYSTEMATISCH

„Wir haben Grund zu der Annahme, dass die Menschen, wären sie ihrerseits besser unterrichtet, anderen gegenüber bescheidener auftreten würden.“
(John Locke)

Wir reden in der Schule sehr viel über die Kinder – in Konferenzen, Klassenteamsitzungen, Pausengesprächen, mit Eltern – und vergleichsweise wenig *mit* den Kindern. Zumindest nicht darüber, was sie brauchen. Die Gesprächszeit mit ihnen besteht zu einem großen Teil aus Fragen zu Inhalten, zwecks Überprüfung oder zwecks entwickelndem Lernen, aus Handlungsanweisungen und aus bewertenden Rückmeldungen. Wir erstellen Hypothesen darüber, warum Katharina sich plötzlich viel weniger anstrengt oder was Philipp in letzter Zeit so fahrig macht – und wenn dann jemand in der Konferenz die Frage stellt: „Was sagt denn Katharina dazu?“ folgt irritiertes Schweigen.

Ein Grund dafür mag in den fehlenden Zeitressourcen liegen, denn solche Gespräche gehen nicht so zwischendurch – möchte man meinen. Und doch: Wenn wir statt der Ermahnung den Dialog suchen, dann kann schon viel gewonnen sein, und manchmal ist die Frage nach dem persönlichen Erleben des Schülers allein schon ein Türöffner für Gespräche der anderen Art.

Vielleicht liegt es aber auch daran, dass wir Lehrpersonen viel länger das Nach-Inhalten-Fragen und Belehren und Loben und Tadeln geübt haben und wenig geschult sind darin, gemeinsam mit einem Kind oder Jugendlichen nach Lösungen zu suchen. Auch die interessierte Frage „Was ist denn mit dir los?“ enthält Zwischentöne, die nicht unbedingt förderlich sind, wenn es um Ressourcenstärkung geht. Wer differenziertere Möglichkeiten sucht, der kann bei der lösungsorientierten Gesprächsführung aus dem systemischen Coaching Anleihen nehmen. (Natürlich kann hier keine Einführung in systemisches Coaching stehen, das wird auch niemand erwarten. Aber ein Blick in diese Schatzkiste kann schon so manches Tool bescheren, und für die Haltung dahinter steht einiges im Kapitel zur systemischen Brille.)

Wenn uns die Lösung ins Auge fasst

„Problem talk creates problems, solution talk creates solutions."
(Steve de Shazar)

Der größte Beitrag zur heute schon in vielen Bereichen verbreiteten lösungsorientierten Gesprächsführung kam vom amerikanischen Psychotherapeuten Steve de Shazer (+ 2005 in Wien) und seiner Ehefrau Insoo Kim Berg. Die beiden stellten in den 80ern ihren Ansatz – „solution focused brief therapy" - vor und inspirierten Therapeuten, aber auch das Coaching, die Sozialpädagogik und andere Bereiche der Beratung.

Der Gedanke dahinter: Wir müssen nicht das Problem in seiner Genesis und Zusammensetzung verstehen, um zu einem besseren Ist-Zustand zu gelangen. Wenn wir einen gegenwärtigen Zustand als Problem definieren, dann weil er sich von einem erstrebenswerteren Zustand unterscheidet. Sehr oft wissen wir aber über diesen Soll-Zustand noch weniger bewusst Bescheid als über die Entstehung des Problems. Wir spüren, dass uns etwas an der aktuellen Lage sehr missfällt. Sollen wir aber genauer schildern, was wir uns stattdessen wünschen, fällt uns manchmal nicht mehr ein als ein Satz, der das vage umschreibt: „Mehr Erfolg", „weniger Stress", „bessere Beziehungen" ...

Hier setzt Steve de Shazer an. Seine These: Wenn wir möglichst viel wissen über den Lösungszustand[70], über das, was wir anstreben, mit möglichst vielen Facetten – was wir dann sehen und hören werden, was wir tun werden, wer wie darauf reagieren wird und vor allem: wie wir uns dann genau fühlen werden - , dann beginnt dieses Lösungsbild zu locken. Es hat Zugkraft, und wir werden schlafende Ressourcen in uns aktivieren, um dorthin zu gelangen. Welchen Weg wir dafür wählen ist an sich sekundär. Eine der möglichen Verbindungen vom Ist zum Soll wird Gestalt annehmen. Diese These

70 Mit „Lösung" ist hier das Ergebnis gemeint, nicht so sehr der Prozess des Lösens! Das trifft den Geist dieses Ansatzes besser.

wird von unserer Erfahrung bestätigt, wenn wir es schon versucht haben; von den erfolgreichsten Leistungssportlern, die in Interviews immer wieder darauf hinweisen, mit welchen Visionen sie arbeiten; und seit einigen Jahren auch von Studien, die auf den bildgebenden Verfahren der Hirnforschung beruhen. Julius Kuhl, Inhaber des Lehrstuhls für Differentielle Psychologie und Persönlichkeitsforschung an der Universität Osnabrück, hat die Zusammenhänge zwischen Begabung und Leistung untersucht.[71] Wovon hängt ab, ob das intellektuelle Potenzial in Leistung umgesetzt werden kann, wenn es um schulische Laufbahn geht? Der stärkste Faktor ist die emotionale Bindung an das Ziel! Nicht die rationale Einsicht wirkt, das Nachbeten von vernünftigen Argumenten für einen guten Bildungsabschluss; es ist das „Hinträumen" zum Zielbild mit all den Gefühlen, die dann dazugehören werden. Und damit arbeitet die lösungsorientierte Gesprächsführung.

Die Lösungs-Fokussierung in der Praxis

Wenn die Seele etwas erleben möchte, wirft sie das Bild dieser Erfahrung vor sich und fährt dann in das eigene Bild hinein.
(Meister Eckhart)

In einem Coaching mit einem Schüler oder einer Schülerin erfragen wir also nach der Problemschilderung die Beschreibung eines besseren, mehr gewünschten Zustandes; und darüber wollen wir viel mehr wissen als über das Problem! Wir sind neugierig und detailorientiert, unersättlich – „Was könntest du dann tun, was du jetzt nicht tust? Was noch? Und wer wäre am meisten überrascht von dieser Veränderung? Wer am wenigsten?". Dann fragen wir nach, wo es Teile dieses Zustandes schon gegeben hat und was dabei unterstützend war – „In welcher Situation hast du so etwas schon einmal erlebt? Wann hast du das schon gekonnt? Und wer oder was hat da etwas dazu beigetragen? Wer oder was könnte dich dieses Mal unterstützen?"

71 J. Kuhl in einem Vortrag.

Der beste Tipp: Keine Tipps geben!

Der zweite wesentliche Aspekt im systemischen Coaching - neben der Lösungsorientierung - ist der Verzicht auf Ratschläge. Die Gründe dafür sind im Kapitel zum systemischen Denken erläutert: Da der Mensch ein nicht-triviales System ist und als solches jeden

Input von außen nur nach seinen eigenen Transformationsregeln verarbeitet, sind Ratschläge schon von der Wirkung her eher eine Zufallsangelegenheit. Es kommt aber noch etwas hinzu: Ratschläge tragen nicht zur Stärkung der Selbstkompetenz bei (was aber ein wichtiger Teil unseres Erziehungsauftrages ist), und speziell Jugendliche im Schulkontext sind damit hoffnungslos überfüttert! Ratschläge sind dabei noch die weichere Form des ständigen „Wir-sagen-dir-was-gut-ist-für-dich"; aber auch in diesen Situationen haben die Schülerinnen und Schüler wunderbar gelernt, ein dankbares bis gelangweiltes Gesicht dazu zu machen und ihren eigenen Gedanken nachzuhängen. Und selbst wenn sie's wirklich ausprobieren wollen – warum klappt es dann nicht? Sind wir Lehrpersonen immer in der Verantwortung beim Scheitern, weil wir nicht die passenden Tipps gegeben haben?

Wir haben schon die Rollenvielfalt innerhalb der Unterrichtsstunden betrachtet. Wenn nun der „nur-Coach" noch dazu kommt zu unserem Rollenrepertoire, dann gilt es auch hier zu differenzieren. Es gibt Anlässe, die sich für „explizite Coachinggespräche" eignen, und es gibt Situationen, in denen differenziert Trainerin UND Coach handeln können. Bei Alex, mit dessen Mutter das „pädagogische Frühwarngespräch" nach der B.E.A.M.-Struktur geführt wurde, gibt es Coachingansatzpunkte und Trainingsaspekte – und auch die Preisrichterrolle ist relevant beteiligt!

Alex, wenn du dich auf die Schularbeit vorbereitest und man würde darüber eine Doku drehen – was würde man da sehen? Was tust du wann und wie lange? Wo bist du da? Was hast du kurz vorher und kurz nachher gemacht? An welchen Tagen? Wie würde ein Live-Reporter das schildern? Was sind deine Überlegungen dahinter? Und was könntest du beim nächsten Mal anders machen, was möchtest du ausprobieren? Bei welchen Schularbeiten bist du am besten? Was machst du da anders?

Fällt dem Lehrer bei dieser Schilderung ein didaktisch zielführenderer Weg ein, dann wechselt er kurz in die Trainerposition und bringt diese Idee ins Spiel.

Hast du schon mal ausprobiert den Stift zu wechseln, wenn du zu den Wortendungen kommst? Damit du ganz bewusst und aufmerksam entscheidest, ob da ein s oder eine oder ein x drankommt?

Auch bei der Frage der Beteiligung am Unterricht kann der Coach aktiv werden:

Und wenn du in der Französisch-Stunde sitzt und jemand könnte aufzeichnen, was in deinem Kopf abgeht, was käme da heraus? Welche Gedanken könnte man hören, welche Gefühle? – Was könnte es dir leichter machen mehr auszuprobieren in der Klasse? Mehr zu üben?

Als Preisrichter trifft der Lehrer dann eine klare Abmachung, indem er zum Beispiel die Bedingungen für eine „positive Mitarbeitsnote" formuliert.

Wenn die Jugendlichen erst einmal die Erfahrung gemacht haben, dass wir Lehrpersonen außer Ermahnungen und Tipps auch noch etwas anderes anbieten können, dann kommen sie auch mit Anliegen, für die sich die explizite Coachingrolle eignet. Ercan (17 Jahre) ist unzufrieden mit seiner bisherigen Feriengestaltung. Er ist ehrgeizig und zielbewusst und anspruchsvoll (Coaching ist nicht für jene reserviert, die uns Lehrern nicht nur Freude bereiten!) und möchte diese Zeit besser nutzen.

<u>Ercan:</u> *Ich weiß nie, wie ich mit den Weihnachtsferien umgehen soll. Manchmal arbeite ich für die Schule und lerne und bereite vor, damit dann der Januar nicht stressig wird, und wenn ich dann wieder in die Klasse komme und alle erzählen von dem, was sie gemeinsam unternommen haben – dann habe ich das Gefühl, dass ich den Anschluss verpasst habe. Und wenn ich nichts arbeite und die Freunde treffe*

und lange schlafe und so weiter, dann merke ich in den ersten Tagen nach den Ferien schon, dass ich raus bin aus dem Lernen.

Lehrerin: *Aha, bisher ist es dir also noch nicht ganz gelungen, eine gute Formel für deine Feriengestaltung zu finden. (fragt dazwischen etwas detaillierter nach - was lernst du da, wie lange, und was machst du mit den Freunden ...) Und wenn du am 7. Januar wieder zurückkommst in die Schule und du hast die Zauberformel gefunden für deine Feriengestaltung, woran wirst du das erkennen?*

Ercan: *Ich würde in den ersten Stunden in der Schule sofort wissen, worum es geht, ohne Einstiegsphase, und ich würde in der Pause mit den Freunden darüber reden können, was wir gemeinsam erlebt haben.*

Lehrerin: *Was tauscht ihr da zum Beispiel aus? Was wäre das Tollste?*

Ercan: *Das Tollste wäre die Silvesterparty. (schwärmt lachend) Oder wir waren eislaufen ...*

Lehrerin: *Woran werden deine Lehrer und Lehrerinnen merken, dass du die optimale Mischung gefunden hast?*

Ercan: *Sie würden sagen, dass ich genau dort stehe, wo ich vor den Ferien war – dass ich nicht abgebaut habe ... und dass ich halt wach und aufgeweckt bin und ausgeruht (lacht verschämt) ...*

Lehrerin: *Und wenn ich nach den Ferien deine Eltern fragen würde: „Diesmal hat Ercan ja offensichtlich die Ferien sehr gut genützt. Was hat er denn anders gemacht dieses Jahr?“, was würden sie dann sagen?*

Ercan: *Sie würden sagen, dass er (!) sich Zeit genommen hat für alles – für die Schule und für die Freunde und für seine Freizeit.*

Lehrerin: *Ich rede weiter mit den Eltern: „Und wann hat er da gelernt?“*

<u>Ercan:</u> Er hat sich den Wecker gestellt! Normalerweise schläft er bis 12 Uhr, aber er hat sich für 10 Uhr den Wecker gestellt und hat dann 2 Stunden bis 12h gelernt.

<u>Lehrerin:</u> *Jeden Tag?*

<u>Ercan:</u> *(nach kurzem Nachdenken) Ja, schon – außer an Neujahr, nach der Silvesterparty.*

<u>Lehrerin:</u> *Und dann würde ich deine Eltern fragen: „Wann hat er geschlafen?"*

<u>Ercan:</u> *Sehr unterschiedlich – wenn er am Abend mit den Freunden etwas unternommen hat, dann später, und wenn er zuhause war eher früher. (mit Nachdruck) Aber er ist immer um 10 Uhr aufgestanden!*

<u>Lehrerin:</u> *Gut. Auf einer Skala von 0 bis 10, wenn 10 die größte Sicherheit ist – wie überzeugt bist du, dass das funktionieren wird?*

<u>Ercan:</u> *(überlegt kurz) Acht? Das wäre schon toll, wenn mir das endlich mal gelingt umzusetzen. Ich darf dann nur nicht abgleiten mit den Gedanken beim Arbeiten, damit ich die zwei Stunden gut nütze.*

<u>Lehrerin:</u> *Und wann gelingt es dir besonders gut, konzentriert zu bleiben?*

<u>Ercan:</u> *Wenn ich im Zug lerne, auf der Heimfahrt. Da ist niemand, mit dem ich sprechen könnte, und es ist auch begrenzt. Aber das wäre da ja auch so.*

<u>Lehrerin:</u> *Aha, das Begrenzen wird dir also besonders helfen.*

<u>Ercan:</u> *(nickt zuversichtlich)*

<u>Lehrerin:</u> *Dir ist also wichtig, mit längerem Vorlauf zu lernen? Wo ist dir das gut gelungen?*

Ercan: *Ja, ich hab das bei einer großen Latein-Aufgabe gemacht, da habe ich wirklich ganz früh angefangen, und ich war dann wirklich sehr stolz, das war ein sehr schönes Gefühl.*

Lehrerin: *Und woran erkennst du dieses Gefühl stolz zu sein, wie ist das bei dir? Wo wohnt dieses Gefühl?*

Ercan: *(hört in sich hinein, beginnt zu lächeln) Ich glaube, der Stolz wohnt „in meinem Grinser"...*

Lehrerin: *Stell dir vor es sind Weihnachtsferien, es ist kurz vor 12 Uhr – wo bist du da?*

Ercan: *In meinem Zimmer –*

Lehrerin: *Gut, schlüpf mal in diesen Ercan hinein, du sitzt da und lernst ... und jetzt kommt die Ablenkung – und dann kommt gleich der Gedanke daran, wie du dann stolz sein wirst ...*

Ercan: *(lächelt breit)*

(Dieses Gespräch ist verkürzt wiedergegeben, zwischen den einzelnen Aussagen gibt es viele „Mhm" beim Coach und viele Nachdenkpausen bei Ercan.)

Was sind die Coachinganteile bei dieser Unterhaltung?

Erstens: das, was fehlt – Tipps, Ratschläge, Belehrungen ... Außer den Paraphrasierungen und Zusammenfassungen (als Teil aktiven Zuhörens) werden nur Fragen gestellt, und zwar „echte" Fragen, nicht solche, bei denen wir die Antwort kennen. Dahinter steht die Coaching-Haltung „mit ethnologischem Forscherinteresse", wir erkunden neugierig einen fremden Stamm! Vielleicht ist das der größte Gewinn für die Jugendlichen, dass sich jemand einfach „nur" für sie interessiert, ohne sich einzumischen – und dabei Lösungszuversicht ausstrahlt: „Ich trau dir zu, dass du das schaffst."

Zweitens: einige Strukturen aus der lösungsorientierten Gesprächsführung, wie zum Beispiel

- Zirkuläre Fragen („Woran würden deine Lehrer erkennen ...“, „Wie würden deine Eltern beschreiben ...“)
- Skalierungen („Auf einer Skala von 0 bis 10“)
- Fragen nach dem Erfolgsszenario
- Fragen nach dem bisher Gelungenen
- Zukunft statt Konditional

Zirkuläre Fragen fordern den Coachee auf, aus einer anderen Perspektive auf die Situation zu blicken. Das alleine hat schon Macht – es weitet das Denken! Um eine solche Frage beantworten zu können, müssen wir kurz aus den Augen eines Anderen auf uns schauen, und das setzt neue Denkmuster in Gang. Es gerät plötzlich das in den Blick, was wir ausgeblendet hatten.

Leon, 7 Jahre alt, beklagt sich, dass die Mädchen seiner Klasse ihn und seine Freunde am Nachmittag oft nicht ins Spielzimmer lassen. Sie halten von innen die Türe zu. – „Aha. Und wenn ich die Mädchen fragen würde ‚Warum macht ihr denn das, warum sperrt ihr die drei aus?‘, was würden sie dann antworten?“ Leon, wie aus der Pistole geschossen: „Dass wir ihnen immer alles kaputt machen.“

Tobi, 12 Jahre alt, hat sich bei der Lehrerin über einen Streit mit Paul beschwert. Lehrerin: „Erzähl es mir bitte so, wie Paul es mir erzählen würde.“ Tobi überlegt kurz und zieht sauer ab. Zwei Wochen später schlurft er wieder auf die gleiche Lehrerin zu, holt Luft, stoppt kurz und sagt lustlos: „Muss ich's Ihnen wieder so erzählen, wie es die anderen erzählen würden?“

Außerdem erfordern zirkuläre Fragen immer wieder, die Lösung aus dem bloßen Gefühl (das ja schwer überprüfbar ist) auch auf die Wahrnehmungsebene zu holen. „Woran würden die Lehrer erkennen“ impliziert, dass es sichtbare Anzeichen für die Veränderung gibt.

Skalierungen ermöglichen die Vergleichbarkeit der Veränderung bei „weichen Fakten“. Zuversicht, Motivation, Zufriedenheit sind nicht messbar – in der subjektiven Einschätzung allerdings schon. Wir neigen dazu, Zwischenstufen eines Veränderungsprozesses in diesen Bereichen nicht zu registrieren, und so bringen wir uns um die größte Motivation in Veränderungsprozessen: um die Freude über den Fortschritt! Mit Skalierungsfragen können wir mehr Differenzierung in an sich vage Eindrücke bringen und uns am Erfolgserlebnis einer neu erreichten Stufe aufrichten.

Mögliche Skalierungsfragen für Alex (aus dem B.E.A.M.-Gespräch): Auf einer Skala von 0 bis 10, wenn 10 bedeutet, du hast dich maximal angestrengt, wo würdest du dich einordnen? – Auf 6. – Was wäre der nächste Sprung auf 7? - .... – Und wie motiviert bist du, es weiterhin zu versuchen? – 4. – Aha. Was machte es aus, dass es nicht 2 oder 3 ist? Was hat dich auf 4 gebracht? Was würde dich beispielsweise auf 6 bringen?

Wie wohl fühlst du dich im Unterricht? Wie viel Freude macht dir das Lernen zur Zeit? Was bräuchtest du, um einen Skalenpunkt höher zu kommen? Was glaubst du denken deine Eltern, wo du dich da einordnest?

Es muss gar nicht immer ein ganzes Gespräch sein – auch kurze sprachliche Impulse können eine andere Gesprächsqualität ermöglichen. Manfred Prior beschreibt solche „MiniMax“ – minimale Interventionen mit maximaler Wirkung.[72] Wenn Ercan erzählt, dass er mit seiner Feriengestaltung nicht zurechtkommt, schmuggelt der Lehrer/Coach ein „bisher – noch nicht“ dazu, und schon öffnet sich eine kleine Tapetentür im Gehirn: Es kann ja noch werden! Natürlich werden wir nicht jedes Wort auf die Waagschale legen – es genügt schon, wenn wir selbst zutiefst an die Möglichkeit der Veränderung glauben, dann schleicht sich diese Zuversicht immer mehr in unsere Sprache.

72 Manfred Prior, MiniMax für Lehrer. 16 Kommunikationsstrategien mit maximaler Wirkung. Beltz 2009.

Diese kurzen Coachinginterventionen finden leicht auch in den Unterrichtsstunden Platz, wenn die Lehrperson nicht hauptsächlich mit dem Vortrag beschäftigt ist! In den Phasen des selbsterarbeitenden Lernens ist Zeit, um mal nachzufragen, wie es Adrian gerade mit den unregelmäßigen Verbformen geht, die er sich für diese Woche vorgenommen hatte, und dabei eine Skalierungsfrage zu verwenden (Wo warst du da letzte Woche, und wo stehst du heute? Was wäre anders, wenn du noch einen Skalenpunkt höher wärest? Was kann dich unterstützen, dass du da hinkommst?). Für manche Kinder ist das der schonendere Kontext im Vergleich zu einem expliziten Gespräch. Im Unterrichtsgemurmel der Altersgenossinnen spricht es sich manchmal leichter, weil der Situation etwas von der Schwere genommen wird.

Es gibt aber auch Schulen, die Coaching als fixe Unterrichtsstunde im Stundenplan verankert haben. In der Sir-Karl-Popper Schule in Wien, einer gymnasialen Oberstufe, haben die Schüler und Schülerinnen in der neunten Schulstufe einmal pro Woche eine Gesprächsrunde in Kleingruppen mit ihrem Coach - einem Lehrer oder einer Lehrerin, die eine Zusatzausbildung in Lösungsorientierter Gesprächsführung erhalten haben. Die Bedeutung dieser Einrichtung wird in einem Papier der Schule so skizziert:

Coaching an der SKPS ist

... Zeit, die den Coachees zur Verfügung steht, um das zu tun, was ihnen ihren Job als Schüler/in erleichtert;

... ein reservierter Raum – örtlich und zeitlich – in dem die Coachees sich immer wieder fragen können, ob sie so unterwegs sind, wie sie unterwegs sein wollen, und wenn nicht, was sie anders machen möchten;

... die Chance für jeden Coachee, in der Gruppe mit anderen Schülern und Schülerinnen und mit einem Erwachsenen Lösungsmöglichkeiten für eventuelle Schwierigkeiten zu entwerfen und selbst dann die jeweils passende Variante auszusuchen, die er als erste ausprobieren will;

... *Zeit, um die anstehende Arbeit einzuschätzen und planbarer zu machen, um sich für oder gegen eine Aufgabenstellung entscheiden zu können;*

... *eine Gelegenheit, gemeinsam mit Anderen die Wichtigkeit und Unwichtigkeit von Noten reflektieren zu können;*

... *ein Rahmen, in dem die eigene Sicht der Klasse bzw. der eigene Platz in dieser Klasse überlegt und besprochen werden kann;*

... *ein Ort, wo Lösungen für Lernschwierigkeiten gesucht und geübt werden können;*

... *die Möglichkeit, Informationslücken zu füllen, Kritik vorzubringen, Anregungen zu geben;*

... *die Gelegenheit zum Ausruhen, Durchatmen, Innehalten, Distanz gewinnen.*

Diese Coaching-Zeit gehört den Coachees, sie entscheiden darüber, wie sie sie nützen wollen! Sie gestalten daher mitverantwortlich.

Das fix institutionalisierte Coaching in einer Schule kann eine wunderbare Chance sein – und enthält auch Fallen und Stolpersteine. Schon kleine Kinder haben einen prall gefüllten Terminkalender, wenn dieses oft beklagte Problem unserer Zeit auch ein ausgesprochen schichtspezifisches ist.[73] Sie lernen früh, einfach weiterzumachen. Wenn nun Coaching als Instrument gesehen wird, um dieses Weitermachen zu unterstützen, und dabei als kleiner Ersatz für Muße herhalten soll, dann sind alle Bedenken dagegen berechtigt.

Unter der gleichen Bezeichnung können wir aber Kinder auch behutsam anleiten, ihre eigenen Wünsche und Bedürfnisse wahrzunehmen, ihren eigenen Lebensrhythmus zu fühlen und die Anforde-

---

73 Nachfolgender Text ist Teil eines Aufsatzes der Autorin.

rungen der Umwelt dazu in Beziehung zu setzen und zu reflektieren. Wenn das Innehalten so zu einem Ritual werden kann (deshalb stundenplanmäßig verankertes Coaching und nicht nur anlassbezogen!), das ein fester Bestandteil des Arbeitslebens ist, dann werden später vielleicht die zugekauften Coaches weitgehend verzichtbar. Durch das Peergroupcoaching wird ja auch gleichzeitig gelernt, dass nicht ein „Experte für Zeitmanagement" erforderlich ist, um den eigenen Umgang mit Zeit zu überprüfen. Was ich als Unterstützung brauchen kann, ist der wertschätzende und respektvolle Außenblick und interessiertes, lösungsorientiertes Nachfragen statt einer Menge guter Tipps.

„Offenbar ist dort, wo Solidarität nicht nur ein Wort ist, Raum für jene menschlich-alltäglichen Obertöne, die dem Begriff der ‚Beratung' eine charakteristische Klangfarbe geben: Menschen lernen im Sinn von ‚each one teach one' miteinander und voneinander, sind einander Anregung und leben Solidarität, indem sie ihre Vorräte an Wissen und Erfahrungen austauschen."[74]

Peergroup-Coaching schult das Einander-Ressource-Sein

Peergroup-Coaching macht jene Art von Beratung erlebbar (sich miteinander beraten), die es immer schon gab, bevor Coaching in aller Munde war. In einer kleinen Gruppe, die von einer geschulten Lehrkraft begleitet und in der konstruktiven und wertschätzenden Gesprächsführung unterstützt wird, lernen Jugendliche ganz im Sinn der Beschreibung Kurt Fingers. Die Lehrperson ist dabei nur – so wie die Gleichaltrigen – ein Mensch, der eben seine Vorräte an Wissen und Erfahrung mit den anderen teilt. In Supervisionsprozessen gilt der Satz: „Die wesentlichste Intervention ist bereits die Anwesenheit der Supervisorin oder des Supervisors, die für einen anderen Diskurs sorgt als ihn die Gruppe im Alltag pflegen würde." Eine ähnliche Funktion kommt in diesem Ansatz dem „pädagogischen Coach" zu. Er ist nicht der Experte für die Lösungen, er ist auch nicht der Fachexperte und nicht unbedingt der Erzieher, sondern Experte für eine Gesprächsführung in Gruppen, bei der

74 Kurt Finger, „Beratung": ja bitte – nein, danke!? In: schulheft127/2007, S. 50.

Lernen aus Anlässen für alle möglich wird.

Es fällt uns Lehrerinnen und Lehrern – und Schule im allgemeinen - allerdings schwer, diese Rolle so bescheiden zu sehen. Wir spüren den Druck, die Jugendlichen „auf den richtigen Weg zu bringen", wir fühlen uns verantwortlich für ihren Erfolg und für ihr Scheitern (oder fürchten, dafür verantwortlich gemacht zu werden), und schon wird die Coachingstunde zu einer weiteren Unterrichtseinheit, in der wir ermahnen, anfeuern, loben, kritisieren – erziehen. Es wird das, was Watzlawick „mehr vom selben" nennt, und unsere Jugendlichen haben gute Strategien entwickelt, sich vor allzu viel Erziehung zu schützen. Ja, Erziehung ist als Aufgabe von Schule ein wesentlicher Bestandteil unserer Lehrer-Schüler-Kommunikation, und es stehen uns dafür viele Wochenstunden zur Verfügung. Darf es eine einzelne Stunde geben, in der eindeutig etwas Anderes gefragt ist? Eine erziehungsfreie Zone?

„Autonomie und Freiheit nur in Tat, Arbeit und Leistung verwirklicht zu sehen lässt uns dem Zirkel nie entkommen. Es gab aber früher schon davon eine andere Perspektive. Freiheit war gebunden an Muße, Innhalten, sich eben frei machen von allem Vorgegebenen, Bestimmten, Umgebenden. Diese Freiheit der Betrachtung der Differenz, der Überlegung, der Theorie fehlt der wütenden Tatfreiheit."[75]

Eine besondere Falle des institutionalisierten Coachings liegt in jenen Erwartungen der Erwachsenen UND der Jugendlichen, die aus einem tiefen Missverständnis entstehen aus der Kategorie „der Wunsch ist Vater des Gedankens": Dass dieses Coaching gleichsam eine Reparatureinrichtung für jene Menschen sein könnte, die einem das Leben schwer machen. Die Lehrerin schickt den Unruhegeist ins Coaching in der Hoffnung, dass er dort zwei Gänge heruntergeschaltet wird; die Eltern schicken ihr Kind ins Coaching, weil es dann vielleicht seine Schulsachen in Ordnung hält (und sein Zimmer daher auch!); und der Schüler Martin klagt über das mangelnde Entgegenkommen seines Englischlehrers Herrn Fibi und wünscht

75 Peter Heintel, Innehalten. Gegen die Beschleunigung - für eine andere Zeitkultur S. 62.

sich dabei, der Coach möge den Kollegen doch günstiger stimmen. Diese mehr oder weniger bewussten stillen Aufträge tauchen auch in den außerschulischen Coachingsituationen mit erwachsenen berufstätigen Menschen auf. Dahinter steckt einfach der Wunsch, dass die Anderen sich verändern mögen und man selbst bleiben kann, wie man ist. Nachvollziehbar – aber es funktioniert nicht. Coaching ist kein Voodoo. Verändern kann nur der etwas, der gerade im Coaching sitzt. Und dann reagiert das System und verändert unter Umständen auch etwas, wie im Schachspiel. Verändern wir die Position einer Figur, ändern sich die Bedeutungen der anderen Figuren. Der renommierte Coach Gunther Schmidt hat für diese Konstellation ein wunderbare Frage parat, wenn der Mitarbeiter klagt, sein Chef wolle sich nicht verändern: „Welche Verhaltensänderung Ihrerseits würde die Wahrscheinlichkeit erhöhen, dass Ihr Chef das gewünschte Verhalten zeigt?“ Die Frage enthält gleichzeitig die Botschaft, dass es eben keine mechanistische Auswirkung gibt, dass aber die Handlungsmöglichkeiten des „Problembesitzers“ ins Auge gefasst werden. Auch Martin können wir diese Frage stellen, eventuell sprachlich etwas angepasst je nach Alter: „Und überleg mal, was könntest du anders machen, was könntest du ausprobieren, damit Herr Fibi sich doch etwas mehr so verhält, wie du dir das wünscht?“

IV. ELTERN ERHEBT EUCH!

1. WAS LEHRER UND LEHRERINNEN UNTERSTÜTZT

Es hilft, etwas über Gesprächsführung zu wissen in einem Beruf, in dem vorwiegend gesprochen wird. Es hilft, etwas über Gruppendynamik zu wissen in einem Beruf, in dem man fast ständig mit Gruppen zu tun hat. Warum lernt man das nicht in einer modernen Lehrerausbildung? Das Lehrerbild hat sich ja sehr wohl gewandelt, Beziehungskompetenz wird neben Fachwissen verlangt – aber die Überschriften in Programmen allein werden nicht automatisch dazu führen! Dieses Wissen um interpersonale Dynamiken wird im allgemeinen auch nicht in den Schulen gelehrt (außer z.B. da, wo „KoSo™ - Kommunikation und Sozialkompetenz“[76] unterrichtet wird), und wer dann nach absolvierter Sekundarstufe II ein Lehramtsstudium beginnt, der wird dort vergeblich nach solchen Inhalten suchen. Laut Hattie-Studie hat ohnehin die „erste Ausbildung“ (manchmal die einzige!) nur wenig Einfluss darauf, wie stark Lehrpersonen später die Lernleistung ihrer Schüler beeinflussen können. Das unterschiedlich große Fachwissen bewirkt laut empirischer Daten überraschenderweise so gut wie keine Unterschiede in der Beeinflussung der Lernleistungen; viel wichtiger scheint eine stärkere intellektuelle Orientierung der Lehrer, verbale Leistungsfähigkeit und deren Fähigkeit, Beziehungen zu den SchülerInnen aufzubauen. Die intellektuelle Orientierung mag vorgegeben sein, aber wo bleiben Beiträge zur Unterstützung der Gesprächskompetenz und des Beziehungsaufbaus? - Stärkere Effekte werden der Weiterbildung attestiert, vor allem, wenn sie LehrerInnen dazu bringt, ihre bisherige Art des Lehrens zu hinterfragen. Und da könnte – oder müsste – Supervision die Hauptrolle spielen.

Supervision

Es gibt sie im Schulbereich, die Supervision. Aber angesichts der Vielzahl der Institutionen und im Vergleich zu anderen Bereichen führt sie immer noch ein Schattendasein. Über die Gründe dafür wird schon seit langem diskutiert und geschrieben: Lehrerinnen und

76 Näheres auf der Website www.koso.at.

Lehrer seien zum Beispiel nicht bereit, in ihrer sogenannten „Freizeit“ – also außerhalb des Unterrichts – dafür zur Verfügung zu stehen. Supervision spielt in diesem Feld „weder in der Ausbildung noch im beruflichen Alltag eine bedeutsame Rolle. Dadurch haben die LehrerInnen immer ein wenig das Gefühl, ‚nachsitzen‘ zu müssen, [...] oder wenn sie Selbstzahler sind, wenigstens etwas ‚für sich‘ zu tun.“[77] Auch wenn diese Aussage schon zwei Jahrzehnte alt ist, sie ist immer noch anzutreffen. Inzwischen haben die Lehrer längst nicht mehr an den Nachmittagen frei. Dafür hat sich zu viel an der Struktur von Stundenplänen und Schultagen geändert. Was aber geblieben ist: Dienstzeiten einer Lehrerin sind weiterhin nur schwach definiert. Mit den gehaltenen Unterrichtsstunden ist es nicht getan. Da kommen noch zahlreiche Aufgaben dazu, die in flexibel vereinbarten Zeitfenstern erledigt werden müssen. Wie groß diese Zeitfenster jeweils werden, das hat viel mit dem Einsatz des Einzelnen zu tun! Ob also Supervision in der Dienstzeit stattfindet hängt davon ab, wie viele dienstbezogene Tätigkeiten außerhalb des Unterrichts angefallen sind. Bei manchen kommt da sehr viel zusammen, und während einige – in einer Art innerer Kündigung - nicht mehr bereit sind, undefiniert viel Zeit für Schule aufzubringen und daher „nicht auch noch in Supervision gehen“, verzichten die Aktivsten (und teilweise Burn-out-Gefährdetsten) eher auf etwas, das vielleicht auf den ersten Blick ihnen selbst gut tut und nicht dem System (was ein Missverständnis ist), und „opfern“ daher die Supervision. Und so gehen beide nicht.

Eine andere Erklärung: Es gäbe keine Fehlerkultur in Schulen und daher auch keine Kultur, um über das Scheitern zu reden. Da klingt die Einschätzung mit, dass Supervision eine Art „Beichte“ sei, zumindest aber ein Reden über Probleme und über Scheitern. Im Umkehrschluss hieße das auch, dass jemand, der keine Probleme hat, nichts mit Supervision anfangen kann. Diese Sichtweise wird dem Geist von Supervision aber überhaupt nicht gerecht. Supervision hat mehr zu tun mit Qualitätsförderung, mit Erweiterung der Handlungsmöglichkeiten, mit Reflexion, um die Praxis zu verändern statt die Praxis nur zu bewältigen. Sie unterstützt beispielsweise dabei,

77 Harald Pühl, Handbuch der Supervision S.272.

das Zusammenspiel von Funktion, Person und Rolle differenzierter zu gestalten. All die Brillen und Modelle, wie sie in diesem Buch vorgestellt sind, bieten viele Möglichkeiten zur Reflexion, aber alleine blickt man darauf mit dem gleichen blinden Fleck, mit dem man auch sonst unterwegs ist; deshalb lohnt es sich, mit all diesen Fragestellungen einen Supervisor oder eine Supervisorin aufzusuchen und diese Aspekte mit ihm oder ihr gemeinsam zu reflektieren! Das ist Weiterentwicklung und nicht Psychohygiene, und es entspricht genau dem Kriterium, das laut Hattie-Studie das entscheidenste Faktum überhaupt dafür ist, ob Lehrpersonen das Lernen günstig beeinflussen können: Der Auseinandersetzung mit der Wirkung des eigenen Tuns.

Supervision kann aber noch mehr. Sie ermöglicht den Blick „sub specie aeternitatis", wie es Spinoza nennt. Von diesem distanzierten Betrachtungswinkel aus können wir einmal den Überblick über die Zeit behalten – um nicht zu vergessen, warum wir (damals oder vor kurzem) Lehrerinnen geworden sind und worauf wir hinauswollten. Dieser Überblick stärkt und gibt uns selbst immer wieder Richtung. Wir können auch den Überblick über die Themen zurückgewinnen oder behalten; er ermöglicht uns, nicht in die Falle zu tappen, die in vielen unterstützenden Berufen lauert: Irgendwann organisieren wir unsere Praxis nur noch um die Problemfälle herum. Drama nimmt sich leider Vorrang, und so gehen wir aus der Schule mit dem Problemfall im Kopf und beginnen allmählich zu glauben, unser Berufsleben bestünde aus dem Management dieser Probleme. In der thematischen Übersicht können wir erkennen, wo dieser Puzzlestein des einzelnen Problemfalls im Gesamtbild liegt und welche Möglichkeiten sich uns bieten – oder auch nicht bieten, wenn wir für eine Fragestellung nicht die beste Adresse sind.

In kollegialen Gesprächsrunden gilt die gleiche Grundregel: Drama-Talk ist stabil. Deshalb funktioniert Intervision[78] so selten, weil sie oft in die gleiche „Müllverdoppelung" abgleitet wie eine besondere Art des Konferenzzimmerjammerns. In der Supervision wird dieses Drama destabilisiert, indem die Komplexität erhöht wird

78 Kollegiale Supervision ohne externe Leitung.

– durch andere Themen, andere Sichtweisen, andere Emotionalitäten. Dafür sorgt der Supervisor – wobei die beste Intervention in der Supervision meist schon die Anwesenheit eines solches externen Systems ist. In der Intervision müssten diese irritierenden Strukturen bewusst mitgenommen werden[79], und das gelingt meist dann besser, wenn es vorher bereits Erfahrungen mit dem „supervisorischen Diskurs" gab.

Supervision ist nicht eine Sache der persönlichen Wellness – wenn sie auch durchaus diesen angenehmen Nebeneffekt hat. Im Interesse des Dienstgebers bedeutet sie die direkteste Form von Evaluation und die effizienteste Form von Fortbildung - anstatt im Gießkannenprinzip in zweitägigen Seminaren allen das Gleiche anzubieten findet individualisiertes Lernen at it's best statt! Und da zum Konzept der Supervision die freie Wahl des Supervisors bzw. der Supervisorin gehört, gebe man den Lehrpersonen einen Scheck für zehn Probe-Sitzungen in die Hand, zu verrechnen über den Dienstgeber, und vertraue auf die Erfahrung!

Ein Überlebenskit – bis die Schule anfängt

Also gut, wir können diese fehlende Ausbildung nachholen – durch Lesen (von Büchern wie diesem), durch Seminarbesuche, durch usatzausbildungen, durch Supervision. Und trotzdem: Wir bekommen nur eine Art Überlebenskit. Es hilft – uns Lehrern, weil wir mehr verstehen von dem, was in uns und um uns und mit uns geschieht; und es hilft den Kindern, die sich anders wahrgenommen fühlen können. Und es kann Eltern helfen, wenn sie wissen, dass wir mit diesem Überlebenskit arbeiten – und vor allem wenn sie wissen, dass es nur ein Überlebenskit sein kann! Aber er verändert das nicht genug, was in Schulen verändert werden muss.

79 Zum Beispiel einen Katalog von lösungsorientierten Fragen, wie sie im Coachingkapitel vorgeschlagen werden!

2. WARNUNG FÜR DIE ELTERN – BEVOR SIE WEITERLESEN!

Falls Sie dieses Buch bis hierher gelesen haben sollten, um damit wie mit einem anklagenden Zeigefinger auf die säumigen Lehrer und Lehrerinnen zu deuten, die das alles nicht umsetzen – das wäre ein krasses Missverständnis! Das hier ist das Gegenteil eines Forderungskataloges für den nächsten Elternsprechtag. Es kann ein Forderungskatalog für den entwicklungsmotivierten Lehrer sich selbst gegenüber sein oder auch ein Forderungskatalog für Sie selbst, was die Erziehung zu Hause betrifft. Aber in jedem Fall wendet es sich nur auf den Leser und die Leserin selbst an.

Das bedeutet aber auch, dass Sie all das, was hier den Berufspädagogen angeboten wird, auch selbst für Ihre Erziehung nützen können. Diese Modelle wurden nicht für die Schule erfunden, sie beleuchten das Geschehen überall dort, wo Menschen mit Menschen zu tun haben. Sie können mit diesen Brillen auf das blicken, was Sie mit Ihrem Kind zu tun haben, und Sie können die Schule als weitere relevante Umwelt in den Blick mit einbeziehen. Denn auf einer Ebene sind die beiden Systeme Schule und Familie getrennt zu betrachten und auch getrennt zu verstehen; aber auf einer höheren Ebene geht Ihr Erziehungsauftrag viel weiter, er umfasst die Schule und macht sie zu einer Lernmöglichkeit, die auch reflektiert werden will - so wie andere Situationen, in denen das Kind seine Erfahrungen macht (in Sportvereinen, Musikbands, beim Abhängen in der Disco ...).

Sie können:

- *dem Kind den Blick für Unterscheidungen öffnen: „Ist das bei allen Lehrern so? In allen Fächern? Ist das in der ersten Stunde anders als in der letzten? Wann hat das begonnen? Was habt ihr da früher anders gemacht?“*

- *dem Kind den systemischen Blick öffnen: „Erzähl mir das mal so, wie es deine Lehrerin mir erzählen würde.“ „Und was glaubst wie der Mehmet das zu Hause erzählt?“*

- *dem Kind einen Blick auf seine Impulse ermöglichen: „Wenn du da so ein klein Team in dir hättest, die geben dir Ratschläge, wie du reagieren sollst – wer sagt dir da, du sollst der Kristina immer in der Pause Naschereien kaufen?“*

- *dem Kind Alternativen zu seinen Interpretationen anbieten: „Undwenn du mal annimmst, dass dich Frau Klieber doch mag, fällt dir sonst etwas ein, warum sie dich nicht so oft aufruft in der Stunde?“*

- *dem Kind Möglichkeiten anbieten, wie es sich selbst vertreten kann: „Und wenn du mit der Lehrerin darüber reden würdest, dass du dich nicht wohlfühlst im Unterricht, wie könntest du ihr das am besten sagen?“*

- *und vieles mehr ...*

Das bedeutet nicht, dass Sie das Kind alleine lassen in jenen Situationen, wo es noch die Unterstützung braucht, und es bedeutet auch nicht, dass Sie nicht in Teamarbeit mit den Lehrerinnen und Lehrern den Erziehungsprozess weiter steuern. Es eröffnet nur eine Kultur des „die Schule Hereinholens“, die eine andere Qualität hat als das Gemeinsam-Opfer-Sein.

Teambildung mit Eltern - im Großen

Für Eltern ist der Blick auf Schule ein naturgemäß durch persönliche Betroffenheit gefärbter. Vor allem jene, die selbst schlechte Erinnerungen an ihre Schulzeit haben, erleben den Kontakt mit dieser Institution oft angstbesetzt. „Bei der Einschulung des erstgeborenen Kindes treffen zwei bis dahin völlig unabhängige Systeme – die private Institution Familie und die staatliche Institution Schule – aufeinander.“, schreibt Heidemarie Bosch.[80] „Sie müssen bei sozialer Erziehung und Wissensvermittlung zusammenarbeiten. Problematisch kann dies werden, wenn Eltern bei den Hausaufgaben der verlängerte Arm der Schule sein müssen. Die Schule aller-

80 Bosch a.a.O. S. 41.

dings muss nur dann mit der Familie zusammenarbeiten, wenn vom Elternhaus aus die Grundvoraussetzungen für das Lernen nicht gewährleistet sind, und hat an dieser Stelle rechtliche Möglichkeiten." Problematisch werden kann dies noch aus ganz vielen Gründen – dann vor allem, wenn sich die beiden Vertreter der Erwachsenenwelt in Dramadynamik begegnen.

Aber diese Sichtweise auf das kleine System Lehrerin-Schüler-Eltern mit all den emotionalen Verwicklungen blendet etwas aus: Die Relevanz der Zusammenarbeit der gesellschaftlichen Gruppen! Es geht den Eltern, die sich aktiv in der Schule einbringen, natürlich um ihr Kind, um seine Bildungs- und Zukunftschancen. Sie wünschen sich, dass ihr Nachwuchs so gesehen wird, wie sie sich das wünschen, und dass er so gefördert wird, wie sie es für zielführend halten. Oft entsteht aber der Eindruck, dass es damit auch getan ist. Wenn die eigene Tochter oder der eigene Sohn gut in und mit der Schule zurechtkommt, dann ist das für viele Eltern schon mit sehr viel – vor allem emotionalem – Aufwand verbunden. Das Thema Schule ist dann abgehakt. Aber damit ist es auch politisch abgehakt!

Wir Lehrerinnen und Lehrer können auf der gesellschaftlich-politischen Bühne nicht viel bewirken, das zeigt die Vergangenheit. Wir haben das Sozialprestige nicht, das uns eine gewichtigere Stimme verleihen könnte. Zum Teil wurde es durch die eigene (gewerkschaftliche) Standesvertretung beschädigt, die auf jede Veränderung mit einem Aufschrei reagiert, verstärkt durch abwertende Äußerungen einer Unterrichtsministerin (wie vor 15 Jahren in Österreich), zum Teil durch die Medien (wenn es zum Beispiel ein „Lehrerhasserbuch" gibt (von Lotte Kühn) – und zum Großteil sind es Verallgemeinerungen von Einzelfällen, die für den ganzen Berufsstand genommen werden. Wir werden auch selten von jenen gefragt, die das nächste Reförmchen planen. Wann immer wir Lehrerinnen und Lehrer etwas fordern in der Öffentlichkeit, dann suchen viele nach der bequemen Arbeitsvereinfachung, die wir da wahrscheinlich anstreben. Aber wann fordern wir? Wir reagieren auf Vorschläge, und wir diskutieren in Bildungszirkeln, aber selten fordern wir in Eigeninitiative – wohl auch, weil wir die Chancen richtig einschätzen können gehört zu werden: siehe oben. Wir müssen die

Eltern als gesellschaftliche Gruppe sensibilisieren!

Eltern können bewirken

Eltern können verhindern. – In Hamburg waren sich 2009 alle (!) im Senat vertretenen Parteien einig, die Grundschulzeit auf sechs Jahre zu verlängern, um durch längeres gemeinsames Lernen mehr Bildungsgerechtigkeit zu ermöglichen. Am 18.Juli 2010 war dieser Punkt der Reform gescheitert. Eine Elterninitiative mit dem Namen „Wir wollen lernen" hatte ihn in einem Volksentscheid abgeschmettert. Sie befürchteten, dass die Besseren zwei wertvolle Jahre Gymnasialzeit verlieren könnten. Bildungsgerechtigkeit? Es geht um das eigene Kind.

Eltern können verhindern. Im Zuge der Zentralmatura in Österreich sollten die für eine positive Beurteilung notwendigen Prozentzahlen nachträglich nach oben korrigiert werden, was einen Aufschrei der Elternvertreter zur Folge hatte. Prompt wurde klargestellt, dass das im Einzelfall zum Wohle des einzelnen Schülers handzuhaben sei. Als die neue Bildungsministerin verkündete, dass es im Rahmen der Einsparungen weniger Teamteaching geben solle (nachdem vorher noch Teamteaching als eine wesentliche Säule der Neuen Mittelschule gepriesen wurde), da schrien ebenfalls neben den Lehrern auch die Elternvertreter auf, und schon gab es neue Gespräche.

Wenn Eltern verhindern können, können sie auch bewirken! Es ist nicht überraschend, dass die Elternschaft wesentlich mehr Gehör findet. Politiker entscheiden über die Bildungspolitik, und Politiker wollen gewählt werden. Und da sind die Eltern gegenüber den Lehrerinnen und Lehrern nicht nur zahlenmäßig im Vorteil. Sie sind nicht so leicht abzuwimmeln, weil man sie nicht so pauschal in ein bestimmtes Eck stellen kann, um damit ihrer Argumentation den Boden zu entziehen.

Es scheint auf den ersten Blick schwer verständlich, warum diese große Gruppe der Eltern – und der Nicht-Eltern! – sich nicht mehr einmischt in das, was in Schulen immer noch nicht geschieht, und zwar jenseits von tagespolitischen Aufgeregtheiten und einzelnen

Lehreranekdoten. Offenbar ist das Bewusstsein nicht da, dass es um die nächste Generation geht oder vielmehr um die nächsten Generationen, und dass uns das alle betrifft. Aber wir Lehrer könnten zumindest versuchen, die Eltern mehr dafür zu sensibilisieren. Es geht nicht darum zu jammern, es geht um Information, denn Information kann Vertrauen schaffen.

3. MIT OFFENEN KARTEN

Wir können im kleineren System – wenn es um die Arbeit mit diesen anwesenden Kindern geht und mit deren Eltern – unsere Überlegungen zu unserer Arbeit mitteilen, bevor es noch zu Irritationen kommt, damit nicht aus Information Verteidigung wird. Manche Eltern sind sehr besorgt um das, was mit ihrem Kind geschieht, und so wie sie sich genauer informieren, welche Impfungen sinnvoll sind, so wollen sie auch im schulischen Bereich mehr darüber wissen, was warum geschieht. Dann gibt es auch jene Eltern, die Schule und damit uns Lehrerinnen immer noch blind vertrauen, sie überlassen die Bildungsaufgabe der Bildungsinstitution und erwarten sich auch kaum Unterstützung in der Erziehung. (Oft sind das die Eltern aus anderen kulturellen Systemen, und dann beklagen wir Lehrer, dass sie nicht präsent genug sind – was zutreffen mag, wenn es aufgrund von größeren Schwierigkeiten Gesprächsbedarf gäbe; manchmal ist es aber auch einfach nur das Vertrauen, dass wir das schon geregelt bekommen werden ...)

Für jene Eltern, die ängstlicher beobachten, kann es sehr hilfreich sein, wenn wir ihnen Einblick geben in unsere Beweggründe, in unsere Absichten, in unsere Vorgehensweisen. Wollen wir als Team Eltern/Schule gemeinsam die Zukunft der Kinder vorbereiten, dann kann genau diese Transparenz ein Beitrag zur Teambildung sein, und darin können wir Lehrerinnen vorangehen. Und wenn – was ja doch vorkommt – das, was Eltern heute erleben in der Schule, abweicht von dem, was sie aus eigener Schulerfahrung kennen, dann kann das einerseits Freude auslösen, andererseits aber auch Irritation.

Wenn zum Beispiel im Fremdsprachenunterricht ein anderer Zugang gewählt wird, weil auch andere Kompetenzen verlangt werden (wie Originaltexte lesend und hörend verstehen zu können), dann kann es schon hilfreich sein, vorab um ein gewisses Verständnis zu werben für das, was vielleicht als Überforderung erscheinen mag; so kann auch in der Erziehung zu Hause das Kind ermutigt und unterstützt werden kann. Ein einfacher Informationsbrief kann helfen:

Sehr geehrte Eltern, liebe Schülerinnen und Schüler!

Manches kann in der Schule Verunsicherung und sogar Angst oder auch einfach nur Unzufriedenheit hervorrufen, weil die Absicht dahinter nicht erkennbar ist. In den fünften Klassen kommen Jugendliche aus unterschiedlichsten Schulen zusammen, die daher auch unterschiedlichste Vorerfahrungen mit Unterricht gemacht haben. Daher möchte ich für meinen Teil ein bisschen erläutern, welche Überlegungen hinter meinem Unterricht (Französisch als 2. Lebende Fremdsprache) stehen. Ich erwarte mir davon, dass vieles besser verständlich scheint, das Vertrauen der Lernenden steigt und – dort, wo Sie Einwände haben – ein Dialog über den Unterricht möglich wird.

Ein *Leitgedanke* ist für mich, die Schülerinnen und Schüler zu größtmöglicher Autonomie zu führen; gemäß dem Lehrplan ist die „Befähigung zum weiteren selbständigen Spracherwerb" ein wichtiges Lernziel. In den echten Kommunikationssituationen mit Französischsprachigen bin ich nicht dabei, um hilfreich Vokabel zu flüstern. Die Unterrichtssituation soll natürlich darauf vorbereiten, aber auch schon von Anfang an – und später immer mehr – auch diese Situation simulieren. Daher werden Ihre Kinder von Beginn an mit Texten konfrontiert (sowohl Lese- als auch Hörtexten), die sie an sich noch nicht vollständig verstehen können. Sie sollen dabei trainieren, aus Puzzleteilen einen Sinn zu konstruieren und gleichzeitig dabei die Strategien lernen, die ihnen dabei helfen. Eine scheinbare Überforderung ist dabei nur dann eine, wenn Ihr Kind glaubt, alles verstehen zu müssen. Meist dauert diese Phase aber nur einige Wochen; dann haben die Kinder das Vertrauen gewonnen, dass es um Lernen und nicht um Überprüfen geht.Ein weiteres Prinzip ist der Gedanke, dass ein Sprachenlernen in ganz kleinen Einheiten, bei denen keine Fehler passieren sollen, nicht funktioniert. Fehler sind notwendige Schritte beim Erlernen einer Sprache und sollten weder vermieden noch dramatisiert werden. Daher werden die Schülerinnen und Schüler ermuntert, von Anfang an auch schon komplexere oder ungewohntere Texte zu verfassen, wobei ich selbstverständlich weiß, dass sie das dazu notwendige Sprachmaterial noch nicht gelernt haben. Zum einen Teil sollen sie dabei aber die bereits gelernten Teilchen neu zu kombinieren versuchen, zum anderen brauchen sie dazu eben weitere neue Teilchen, die ich ihnen dann liefern kann oder die sie sich selbst aneignen. Es ist auf jeden Fall leichter, aus einer gewissen Produktion mit der Zeit die Fehler herauszuarbeiten, als erst später mit komplexeren Produktionen zu beginnen. Was wir noch nicht durchgenommen haben, setze ich auch nicht voraus – daher brauchen Ihre Kinder auch keine globalen Grammatikübersichten, solange sie diese Grammatik nicht auch anwenden können.

Da ich gerade zu Beginn unserer Zusammenarbeit sehr viel Wert auf die Klärung der Ziele, der Absichten, des „Warum" lege, spreche ich auch relativ viel Deutsch im Unterricht, denn in diesem Stadium hieße eine Beschränkung auf die Fremdsprache, dass ich aus unseren Gesprächen sehr vieles ausklammern müsste. Mit der Zeit wird der Anteil der Muttersprache reduziert werden.

Eine zusätzliche Schwierigkeit im Französischunterricht kommt von der großen Unterschiedlichkeit des geschriebenen und des gesprochenen Französisch. Die Kinder lernen fast zwei Fremdsprachen nebeneinander. Daher trenne ich möglichst klar Phasen, in denen nur gesprochen und gehört wird, von anderen, in denen dann geschrieben wird. Das verunsichert manche, aber auch da wächst das Vertrauen mit der positiven Erfahrung.

An sich leidet Unterricht oft darunter, dass ich als Lehrerin gleichzeitig Coach und Preisrichterin bin (um das Bild vom Eiskunstlauf zu bemühen). Ich soll die Lernenden einerseits trainieren, andererseits werde ich ihre Leistungen fallweise bewerten. Ein Problem entsteht dann, wenn Kinder (z.T. vielleicht aus Erfahrung) die Trainingsphasen mit Bewertungsphasen verwechseln. Ich kann ihnen – und Ihnen – nur versichern, dass ich sehr bemüht bin, die beiden Aspekte klar zu trennen. Das bedeutet: Wenn ich nicht eigens darauf hinweise, dass beurteilt wird, dann wird immer „trainiert"! Die Beurteilung der Mitarbeit bedeutet, dass ich die *Bereitschaft notiere, dieses Training mit vollem Einsatz mitzumachen*, nicht die bei diesem Training gezeigten Leistungen! Schule soll meiner Ansicht nach vor allem ein Ort sein, an dem gelernt wird, und nicht ein Ort, an dem vorwiegend überprüft wird.

Wann immer Sie aus den Erzählungen Ihrer Tochter oder Ihres Sohnes den Eindruck gewinnen, dass andere als inhaltliche Unklarheiten bestehen, bitte ich Sie um Kontaktaufnahme, falls Ihr Kind die Klärung nicht selbst einleitet.

Auf eine gute Zusammenarbeit freut sich

Vor allem bei neuen Klassen in einer Schule – in der 5. Schulstufe beispielsweise – haben manche Schulleiterinnen auch die Vorstellung des Modells der Dramaumkehr als fixen Inhalt für einen der ersten Elternabende vorgesehen. Wenn die Lehrkräfte dann nicht bei jedem Konflikt zwischen den Kindern intervenieren, dann ist das unter diesem Blickwinkel für die Eltern anders zu akzeptieren als wenn der Eindruck entsteht, die Schule würde „sich nicht kümmern".

Wir können die Eltern aber auch auf den aktuell besonders paradoxen Anspruch hinweisen, dass wir nur die allerbesten Lehrer und Lehrerinnen haben wollen – aber in manchen Situationen froh sein müssen, wenn der Unterricht überhaupt stattfindet. In Wien fehlen in bestimmten Bereichen der Pflichtschule über 1000 Lehrer/innen, an den Höheren Schulen gibt es vor allem in Mathematik, Physik und Chemie viel zu wenig Lehrkräfte. Auch wenn von offizieller Seite gesagt wird, dass es zum Glück keinen Lehrermangel mehr gäbe – die Verträge sprechen eine deutliche Sprache, denn es unterrichten viele sogenannte „Sondervertragslehrer" ohne entsprechende Ausbildung bzw. ohne entsprechenden Abschluss. In Berlin stehen 1400 offenen Stellen nur 550 fertig ausgebildete PädagogInnen gegenüber, es werden fast in allen Fächern Seiteneinsteiger genommen, und in Brandenburg fehlen 1000 Lehrkräfte.[81] Damit ist überhaupt nicht

81 http://www.tagesspiegel.de/berlin/schule/lehrermangel-in-berlin-wir-nehmen-alle/9472886.html (Lisa Nimmervoll, DER STANDARD, 30.8.2013)

gesagt, dass diese „Nicht-Geprüften“ schlechter unterrichten – das kann sogar das Gegenteil bedeuten. Es zeigt nur auf, dass es eine riesige Kluft gibt zwischen den Ansprüchen, die – durchaus zu Recht – an Lehrpersonen und auch Schulleiter gestellt werden, und der tatsächlichen Personalsituation. Auch bei den Leitungspositionen herrscht nicht gerade der große Andrang bei den Bewerbungen! Viele Stellen im Pflichtschulbereich müssen ein zweites Mal ausgeschrieben werden, weil sich nur eine Person bewirbt, und wenn sich dann nichts ändert, müssen für das anschließende Auswahlverfahren („Assessment-Center“) die einzelnen Bewerber/innen für verschiedene Schulen gemeinsam antreten. Zahlreiche Schulen haben seit Jahren eine provisorische Leitung. Auch in den Wiener Gymnasien können manchmal nur zwei – sehr qualifizierte! - Kandidaten oder Kandidatinnen ein solches Ausleseverfahren bestreiten, das als Gruppenassessment gedacht ist, und in den Bundesländern sieht es nicht viel anders aus. Gibt das nicht zu denken? Nachdem es in Oberösterreich nach einer besonders engen Phase im letzten Jahr wieder etwas besser aussah, riet der Präsident des dortigen Landesschulrats Fritz Enzenhofer trotz aller Entwarnungen [...], insgesamt etwas pfleglicher mit den Pädagoginnen und Pädagogen umzugehen: „Wenn Lehrer von der allgemeinen Tendenz her permanent zu Sündenböcken der Nation gemacht werden, kriegen wir ein Problem.“ – Wir haben es schon!

V. LITERATUR

Richard David Precht, Anna, die Schule und der liebe Gott. Der Verrat des Bildungssystems an unseren Kindern. München 2013

Konrad Paul Liessmann, Theorie der Unbildung. Die Irrtümer der Wissensgesellschaft. Wien 2006

Konrad Paul Liessmann, Geisterstunde. Die Praxis der Unbildung. Eine Streitschrift. Wien 2014

Heidemarie Brosche, Warum Lehrer gar nicht so blöd sind. Und was kluge Eltern tun können, wenn die Verständigung nicht klappt. München 2010

Karl R. Popper, Alles Leben ist Problemlösen. Über Erkenntnis, Geschichte und Politik. München 1994

David Miller (Hrsg.), Karl Popper Lesebuch. Tübingen 1995

Hilde Schirg-Posset, Auch Lehrer brauchen Liebe. Horitschon-Wien-München 2005

Niklas Luhmann, Das Erziehungssystem der Gesellschaft. Herausgegeben von Dieter Lenze. suhrkamp taschenbuch wisenschaft 1593. Frankfurt 2002

Niki Glattauer, Der engagierte Lehrer und seine Feinde. Zur Lage an Österreichs Schulen. Wien 2010

Niki Glattauer, Leider hat Lukas ... Wien 2013.

Jutta Allmendinger, Schulaufgaben. Wie wir das Bildungssystem verändern müssen, um unseren Kindern gerecht zu werden. Berlin 2012

Jesper Juul, Schulinfarkt. Was wir tun können, damit es Kindern, Eltern und Lehrern besser geht. München 2013

Carlton Washburne, New schools in the Old World. New York 1926

Andreas Salcher, Der talentierte Schüler und seine Feinde. Salzburg 2008.

Andreas Salcher, Nie mehr Schule. Immer mehr Freude. Salzburg 2012

Monika Gruhl, Resilienz für Lehrerinnen und Lehrer. Kraft für die Schule und für mich. Freiburg im Breisgau 2014.

Erwin Rauscher, Schule sind wir alle. Bessermachen statt Schlechtreden. Wien 2012. Seite 135

Eveline Crone, Das pubertierende Gehirn. Wie Kinder erwachsen werden. München 2011.

Joachim Bauer, Lob der Schule. Sieben Perspektiven für Schüler, Lehrer und Eltern. Hamburg 2007

Kurt Singer, Die Schulkatastrophe. Kinder brauchen Lernfreude statt Furcht, Zwang und Auslese. Weinheim 2009

Michael Felten, Schluss mit dem Bildungsgerede. Eine Anstiftung zu pädagogischem Eigensinn. Gütersloh 2012

Ulrich Steffens und Dieter Höfer, Die Hattie-Studie. Institut für Qualitätsentwicklung Wiesbaden 2013.

Reinhard K. Sprenger, Mythos Motivation. Campus Frankfurt 1991/2007

Joseph O'Connor/John Seymour, Neurolinguistisches Programmieren: Gelungene Kommunikation und persönliche Entfaltung, Freiburg 2003

Heinz von Förster, KybernEthik. Berlin 1993

Paul Watzlawick, Vom Sinn des Sinns oder Vom Sinn des Unsinns. Piper Taschenbuch München 20018

Ernst von Glasersfeld, Radikaler Konstruktivismus. Suhrkamp taschenbuch wissenschaft 1326 Frankfurt 1997

Horst Siebert, Pädagogischer Konstruktivismus. München 2003

Kurt Finger, „Beratung“: ja bitte – nein, danke!? In: schulheft127/2007 Wien.

Manfred Prior, MiniMax für Lehrer. 16 Kommunikationsstrategien mit maximaler Wirkung. Beltz 2009.

Harald Pühl, Handbuch der Supervision Bd.2, Berlin 1994.

Peter Heintel, Innehalten. Gegen die Beschleunigung – für eine andere Zeitkultur. Freiburg im Breisgau 2007.

ABBILDUNGEN:
Einen herzlichen Dank an dieser Stelle an Monika Braun für die Erstellung der Grafiken!